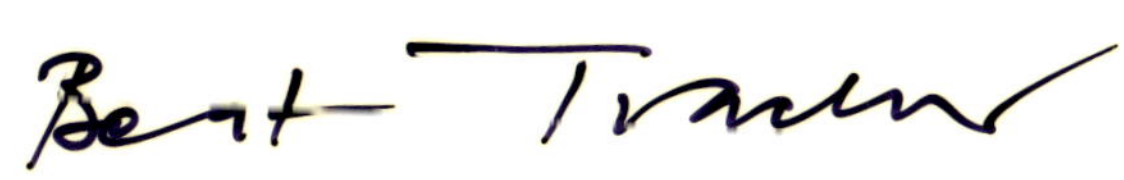

ISBN 3-7185-0194-5

Idee	*Erich Läuppi, Blauen*
Verlag	*GS-Verlag Basel, Basel*
Gestaltungskonzept	*Kaister & Partner AG, Basel*
Fotografien	*Birkhäuser+GBC AG, Bernard Unternährer*
Litho, Satz, Druck	*Birkhäuser+GBC AG, Reinach BL*
Ausstattung	*Buchbinderei Grollimund, Reinach BL*
Schrift	*Demos Medium*
Papier	*Gedruckt auf Satimat 135 g/m^2 von Arjo Wiggins*

Dieses Werk erscheint 2004 zum 125-Jahr-Jubiläum der Birkhäuser+GBC AG, Reinach+Basel.

Die 9 traditionellen Fasnachtsfiguren

Der Ueli

Der Harlekin

Der Blätzlibajass

Der Pierrot

Der Dummpeter

Der Stänzler

Der Altfrank

Die Alte Tante

Der Waggis

Vom Narr zum Ueli

Tradition und Wandel von Basler Fasnachtsfiguren

Beat Trachsler

Umschlagbild: Drei Partien von der Vorderseite der Laterne der «Alti Richtig» aus dem Jahr 1938 «Die Alti Fasnacht»; gemalt hatte das Prunkstück der Grafiker Alfred Seiler (1904–1974). Von links nach rechts sind die traditionellen Fasnachtsfiguren «Blätzlibajass», «Alti Dante» und «Dummpeter» zu sehen, die — angeordnet wie der trojanische Priester Laokoon mit seinen beiden Söhnen in der berühmten Laokoon-Gruppe im Vatikan – die fasnachtsfeindlichen Schlangen abwehren.

Das spätmittelalterliche Narrenkostüm – der Vorgänger des traditionellen Ueli-Kostüms von heute.

Legende zur vorangehenden Seite: Illustrationsholzschnitt von Albrecht Dürer für Sebastian Brants Buch «Narrenschiff», das Bergmann von Olpe 1494 in Basel gedruckt hat.
Der 1458 in Strassburg geborene und 1521 dort verstorbene Rechtsgelehrte an der Basler Universität und Berater verschiedener Basler Drucker und Buchhändler hatte die Erstausgabe seiner Verspottung menschlicher Untugenden in deutscher Sprache herausgebracht; später erschien sein «Narrenschiff» auch auf Lateinisch, Französisch, Englisch und Holländisch. Brant vertrat die Auffassung, dass moralisch fehlerhaftes Verhalten durch richtige Belehrung überwunden werden könne. Als Lieferant der Illustrationsholzschnitte gilt der junge Albrecht Dürer (1471–1528), der sich zwischen 1490 und 1494 auf seiner Wanderschaft am Oberrhein auch in Basel aufhielt. Das «Narrenschiff» gehört zu den Basler Frühdrucken. – Foto: Ueli an der Basler Fasnacht 2001.

Inhalt

Vorwort

Bücher – auch wenn sie ein unerschöpfliches Dauerthema wie die Fasnacht behandeln – sind aktuelle Zeugen einer bestimmten Zeit. Ihr Auftritt widerspiegelt die geltenden Gestaltungsregeln, ihr Inhalt richtet sich nach momentanen gesellschaftlichen Bedürfnissen.

Gute Bücher sind keine Eintagsfliegen. Sie enthalten und erhalten Werte über den Tag hinaus. In ihrer Aussagekraft überdauern sie Generationen und in ihrer Aufmachung vermitteln sie die Stilsicherheit, die sich nicht an kurzlebigen Trends orientiert, sondern an der Unvergänglichkeit guten Geschmacks.

Ein solches Buch, ein Buch mit Bestand, haben wir mit diesem Werk für Sie geschaffen. Als Druckereiunternehmen sind wir für die Herausgabe prädestiniert; mit dem 125-Jahr-Jubiläum, das die Unternehmen Birkhäuser+GBC AG und Birkhäuser+GBC Spezialprodukte AG im Herbst 2004 feiern dürfen, ist der Anlass dafür gegeben.

Warum ein Buch über traditionelle Figuren an der Basler Fasnacht statt der Veröffentlichung der Chronik einer wechselvollen und spannenden Unternehmensgeschichte, vom kleinen Familienbetrieb zum modernen, auf die verschiedensten Kundenbedürfnisse ausgerichteten Firmenverbund in der Gruppe der Basler Zeitung Medien? An plausiblen Gründen fehlt es nicht.

Erstens sind die traditionellen Formen der Basler Fasnacht über die Region Nordwestschweiz und wohl auch weit über die Landesgrenzen hinaus bekannt und in ihrer kulturellen

Einzigartigkeit unbestritten. Qualität, Vielfalt im Angebot, Ideenreichtum, Flexibilität und traditionelle Verlässlichkeit – dies alles sind Stärken, die auch auf Birkhäuser+GBC AG zutreffen.

Zweitens hat unser Autor, Beat Trachsler, ein Thema aufgenommen, das im vielfältigen Angebot bestehender Fasnachtsliteratur bisher noch wenig Beachtung gefunden hat. Welches Erscheinungsbild hatten herkömmliche Figuren wie der «Waggis», der «Blätzlibajass» oder die «Alte Tante» in der Vergangenheit? Wie entwickelte sich die Ausstattung – was kam hinzu, was ging verloren? Attraktive Verpackungen, plakative Wirkung, exklusive Produktelösungen – alles Begriffe, die sich bestens mit dem Namen Birkhäuser+GBC verbinden.

Drittens soll unser Jubiläumsbuch bei aller Information nicht nur belehren, es soll vor allem optisch unterhalten, damit es nicht im Regal verstaubt, sondern immer wieder gern zur Hand genommen wird. Für unsere treuesten Kunden und Partner haben wir darüber hinaus einen Teil der Auflage nummerieren lassen, um damit unsere besondere Wertschätzung auszudrücken. Als Beweis dafür, dass sie auch über das Jubiläumsjahr hinaus auf die Birkhäuser+GBC zählen können.

Allen an der Realisierung dieses Buches Beteiligten gilt mein herzlicher Dank.

Erich Läuppi

Zu diesem Buch

Die Anfänge der Basler Fasnacht reichen gemäss dem heutigen Wissensstand bis ins 14. Jahrhundert zurück. Sie hatte bis zum Beginn des 19. Jahrhunderts mit der Fasnacht von heute wenig Gemeinsames und bis ins ausgehende 19. Jahrhundert unterschied sie sich kaum vom närrischen Treiben im Rheinland: Auch bei uns führte Prinz Karneval mit seinem närrischen Gefolge einen «Umzug» an, der indessen mit den folkloristischen und geschichtliche Ereignisse darstellenden Umzügen unserer Jugendfeste eher zu vergleichen ist als mit einem Cortège, in dem die Cliquen angriffig-witzig Sujets ausspielen. Erst im frühen 20. Jahrhundert gelang die Loslösung von auswärtigen Vorbildern.

Das 1910 gegründete Fasnachts-Comité hat im Verlauf des vergangenen Jahrhunderts mehrmals in aufschlussreichen Publikationen – zuletzt 1985, anlässlich seines 75-jährigen Bestehens – der Vergangenheit unserer heutigen facettenreichen Fasnacht nachgespürt.

Dieses Buch ist keine Replik einer bereits bestehenden Würdigung, sondern das Resultat einer speziellen Fragestellung: Lässt sich am Erscheinungsbild jener Figuren, die an der Basler Fasnacht unter den abertausenden und immer wieder neuen Gestalten als traditionell, als klassisch gelten, weil sie seit Generationen regelmässig auftauchen und gewissermassen als bildhafte Verkörperung des Anlasses wirken – auf den Fasnachtsplaketten etwa, auf gedruckten Werbeträgern, als in Keramik geformte Souvenirs, als Figuren im Prolog beziehungsweise Epilog von vorfasnächtlichen Veranstaltungen – ein Wandel feststellen?

Die Auswahl dieser klassischen Figuren war nicht einfach: So wie sie sich nach ihrem Alter und ihrer Herkunft unterscheiden, so formierten sich mit unterschiedlicher Begründung letztlich neun von ihnen zu einem munteren Reigen.

Da ein allgemeines Wissen über Alter, Art und Besonderheiten der Basler Fasnacht nicht bei allen Leserinnen und Lesern vorausgesetzt werden kann, scheint es, zum besseren Verständnis des Gebotenen, ratsam, der Präsentation der neun Figuren eine kurze Einführung über die lange Geschichte der Fasnacht in Basel voranzustellen, wobei natürlich in erster Linie das an Informationen herausgegriffen werden soll, was mit dem Verkleiden und Maskieren zu tun hat. Dass allein diese beiden Aspekte des fasnächtlichen Treibens in der Stadt am Rheinknie nicht auf ein paar Seiten abgehandelt werden können, leuchtet ein.

Damit nun nicht eines vielleicht unfernen Tages auch das Wissen um die traditionellen Figuren abhanden komme, wurde diese abbildungsreiche Zusammenstellung geschaffen, als Dokument, als mögliche Quelle aber auch für künftige Kostümentwerferinnen und -entwerfer, Larvenkünstler und andere künstlerisch-kreative Menschen, denen die Basler Fasnacht ihr hoffentlich weiterhin unverwechselbares Gesicht verdankt.

Beat Trachsler

Der lange Weg zur Basler Fasnacht – ein kurzer Blick auf ihre Vergangenheit

«Wenn in anderen Gegenden nach Anbruch des grauen Aschermittwochs die ausgelassenen Freuden der Vorfastenzeit verrauscht sind, dann tritt das grösste Fest des Basler Jahreslaufes erst richtig ans Tageslicht! Die drei dem Sonntag *Invocavit* folgenden Wochentage sehen die sonst im allgemeinen ernste, arbeitsame Bevölkerung der alten Stadt am Rheinknie verwandelt; mit dem Morgenstreich am Montag früh um vier Uhr beginnen die Piccolopfeifen zu jubeln, die Trommeln zu tönen, die Laternen der Fasnachtscliquen zu leuchten. Ein frohes, farbiges Leben hebt an, das bis in die ersten Morgenstunden des Donnerstags andauert und sogar am Sonntag danach noch im Schlussabend der Schnitzelbänke einen letzten Höhepunkt findet.» Mit diesen Sätzen beschreibt Hansrudolf Schwabe im Vorwort seines von ihm 1968 herausgegebenen Buches «Fasnacht in Basel» prägnant den unvergleichlichen Basler Volksbrauch.

Genau 50 Jahre früher hat der Historiker Paul Koelner im «Basler Jahrbuch» als erster seine Forschungsergebnisse über die Vergangenheit der Basler Fasnacht ausgebreitet. Wir zitieren aus dem breit angelegten Aufsatz jene Passage, die grundlegende Erkenntnisse enthält:
«Fastnacht, Fasching oder Carneval, alle drei Begriffe im weitern Sinn des Wortes gleichbedeutend, wurzeln in Sitten und Gebräuchen, welche in Jahrhunderte zurückliegenden Zeitläufen hauptsächlich von Italien, der Wiege des Carnevals, her, besonders am Rhein und im südlichen Teil des Heiligen Römischen Reiches Deutscher Nation Eingang fanden und sich je nach Ort und Bevölkerung im Wechsel der Zeiten zu typischen Volksfesten auswuchsen. Teils fussten sie auf uralt heidnischen Festlichkeiten, welche die Kirche wohl oder übel als Zugeständnis an ihre lebensbejahenden Angehörigen auch weiterhin duldete; teils entsprangen sie dem Bedürfnis, sich im Voraus für die kommende strenge Fastenzeit auf Stunden und Tage schadlos zu halten.»

Anfang und Entwicklung der Basler «Fastnacht»

Tafelfreuden und Turniere

Dass die Anfänge der Basler Fasnacht mit unserer heutigen Fasnacht nichts zu tun haben, weil man sie als Lustbarkeit begriff, die aus Essen, Trinken und Tanzen bestand, dafür gibt es zahlreiche urkundliche Hinweise. Mit «man» sind vor allem die gehobenen Stände gemeint, für die die Fasnacht, das heisst der Auftakt der Fastenzeit, gleichbedeutend war mit Schmausen und Schlemmen. Dass auch die Geistlichkeit den leiblichen Genüssen frönte, belegen Einträge im Rechnungsbuch des Bischofs Johannes von Venningen (gest. 1478); es sind Ausgabenposten für Fasnachts-Ergötzlichkeiten, die entweder unmittelbar vor oder nach oder am Tag der «Pfaffenfasnacht» (Herrenfasnacht) als auch am Aschermittwoch und am darauffolgenden Sonntag (*Invocavit*) stattfanden. Einem regierungsrätlichen Erlass von 1546 ist zu entnehmen, dass der Basler Fasnachtstermin schon vor der Reformation (1529) an den drei dem ersten Fastensonntag folgenden Tagen lag. Der Fastensonntag wurde auch alte Fasnacht, Bauernfasnacht, Armenfasnacht oder Küchleinfasnacht genannt.

Im sogenannten Rufbuch, in dem die obrigkeitlichen Erlasse aufgezeichnet sind, finden wir unter dem Jahr 1418 den ersten urkundlichen Hinweis für den Zusammenhang des Wortes Fasnacht mit der Basler Fasnacht. Damals stellten die Behörden mit Besorgnis fest, dass eine neue Gewohnheit aufgekommen sei, indem man bereits im Advent beginne, verkleidet herumzulaufen und ehrbare Leute in ihren Häusern zu überfallen und von ihnen insbesondere Essbares zu heischen. Weil der Aschermittwoch im ausgehenden Mittelalter immer wieder unbeachtet blieb, sah sich die Regierung gezwungen, gegen die «unkristenlichen Wissen und Geberden an Eschermittwuchen» einzugreifen. Die Strafandrohung galt namentlich den Zunftbrüdern, die es vorziehen würden, auf ihren Stuben dem Wein zuzusprechen, statt ihre Häupter mit Asche bestreuen zu lassen. Die Quellen berichten von üppigen Mahlzeiten, mit denen die Zünftigen die Fasnacht feierten. Es gab allerdings auch einsichtige Zunftbrüder: 1538 verzichtete die Zunft zum Schlüssel darauf, die Küchlein, die jährlich am Abend «auf die junge Fasnacht» gegessen wurden, weiterhin zu verzehren, weil es in dieser Zeit als überflüssig erscheine. Und 1599 veröffentlichten die «Gnädigen Herren» ein strenges Sittenmandat, das das übermässige Bankettieren, Zechen und Prassen sowohl auf den Zunftstuben und den Stuben der Vorstadtgesellschaften als auch an anderen Orten verbot. Auch das nächtliche Hin- und Herlaufen über die Gasse, um Küchlein zu holen und um solche zu singen (heischen), sowie mit Trommeln und Pfeifen, verkleidet und maskiert, herumzuziehen, wurde strengstens verboten.

Noch ein Wort zum Grundton, auf den die Fasnacht damals gestimmt war: Die zahlreich erhaltenen Fasnachtsspiele von deutschen und schweizerischen Verfassern geben uns eine Vorstellung davon. Es herrschte in erster Linie ungezügelter Scherz, derber Witz und nicht selten die Zote. Als geradezu harmloser Scherz darf da noch die «vassnechtische geschicht» gelten, welche die «Beinheimsche Chronik» festhält: Anno 1503 trieben einige Priester und Studenten zur Nachtzeit Unfug. Sie stülpten der den heiligen Georg darstellenden Steinfigur auf dem Münsterplatz-Brunnen einen Bottich über den Kopf. Die Figur zerbrach und einer der schalkhaften Scholaren wurde für tot weggetragen.

Der Mittelalter- und Burgenforscher Werner Meyer hat nachgewiesen, dass Turniere auch ausserhalb der Fasnachtszeit auf dem Münsterplatz abgehalten wurden. Im Sinne des Volkskundlers Karl Meuli erklärte er diese Tatsache damit, dass das Münster und seine Umgebung ein wichtiger Begräbnisplatz des Adels war. Das Abhalten von Turnieren an einem Ort, wo die Vorfahren bestattet liegen, kann man als brauchtümlichen Rest eines urzeitlichen Ahnenkultes auffassen. Als 1428 wieder einmal ein Turnier organisiert wurde, verbot der Rat den Bürgern, sich für dieses Fest zu maskieren. Offenbar verstand das Volk die Kämpfe der mit Helmen maskierten Ritter als fasnächtliches Vergnügen.

Die «Böse Fastnacht» von 1376

Die Anfänge der Basler Fasnacht reichen gemäss der heutigen Urkundenlage bis in die zweite Hälfte des 14. Jahrhunderts zurück. Die Schilderung der sogenannten «Bösen Fastnacht» ist ein entsprechendes Dokument dafür. Was war 1376 geschehen?

Der junge Herzog Leopold der III. von Österreich hatte zur Fasnachtszeit mit seinem Gefolge im Kleinbasel Quartier genommen, um an den Lustbarkeiten teilzunehmen. Bekannt-

Dieses Blatt aus der Manesse Liederhandschrift zeigt den berühmten siegreichen Tjostierer (Turnierhelden) Walter von Klingen (1215–1286), wie er von den edlen «Frouwen» bewundert wird. Dass ihn der Illustrator in dieser Situation zeigt, darf als Anspielung auf die Turnierfreude der Basler Ritterschaft gelten.

lich hatte ihm der Bischof die mindere Stadt verpfändet. Da verspürten mehrere feuchtfröhliche Edelleute Lust, sich auf dem Münsterplatz in einem ritterlichen Turnier zu messen. Bei dieser Gelegenheit forderten einige der ungestümen Ritter am Dienstag vor Aschermittwoch durch ihr anzügliches Benehmen den Frauen und Töchtern gegenüber den Zorn der Bürger heraus. Plötzlich jagten ein paar der Ritter daher und schleuderten Speere in die Menge, die sich vor dem Münster aufhielt. Die Bürgerschaft fühlte sich durch dieses kriegerische Benehmen bedroht. Die wehrfähigen Zünfter sammelten sich unter dem Geläute der Sturmglocken auf dem Kornmarkt (Marktplatz). Sie zogen mit ihren Bannern hinauf zum Münster, wo das aufgebrachte Volk einen entsetzlichen Tumult aufführte, dem im Eptingerhof an der Rittergasse drei Edelknechte und ein gräflicher Jäger zum Opfer fielen. Der Herzog floh mit einem Kahn über den Rhein ins Kleinbasel. Das von den herzoglichen Anstiftern aufgewiegelte Volk musste bitter büssen: Zwölf Bürger wurden auf dem Kornmarkt enthauptet und Kaiser Karl der IV. verhängte über die Stadt die Reichsacht, von der sich die Basler nur unter grossen Opfern wieder befreien konnten.

In allen Einzelheiten hat übrigens Aeneas Silvius Piccolomini, der spätere Papst Pius II., der 1434 und 1435 als Sekretär am Basler Konzil teilgenommen hatte, über den Ablauf von ritterlichen Turnieren berichtet. Dabei schildert er auch – in der damaligen Gelehrtensprache Latein beziehungsweise in seiner Muttersprache Italienisch – wie die Stunden nach den Turnieren gestaltet wurden. Er gibt also Informationen über jenen Teil der Anlässe, die, wie sich in Zukunft zeigen sollte, mit einem Teil der Entwicklung des fasnächtlichen Brauchtums in Basel zu tun haben (Maskenbälle): «Als die Turniere vorbei waren, gingen die, welche bewaffnet dabei aufgestellt gewesen waren, alle in das Gemeindehaus, um eine Mahlzeit einzunehmen, und am Abend gingen die Frauen, die dem Fest zugesehen hatten, in das genannte Haus zum Nachtessen und nach dem Essen wurde getanzt bis in den Morgen. An diesen Festen waren die Barone prachtvoll gekleidet mit goldenen Gürteln nebst Glöcklein oder Schellen.»

Vermummte Gestalten mit geschwärzten Gesichtern

Das äussere Merkmal des fasnächtlichen Treibens war das Verkleiden und das Tragen von Masken. Den Ursprung dafür sah der Basler Volkskundler Professor Karl Meuli in altheidnischem Glauben und Kult verankert.

Vor allen Dingen vermummte sich die Jungmannschaft, denn so hatte sie die Gelegenheit, unter dem Schutz der Anonymität derbe Witze und Possen zu reissen. Als älteste «Larfenspiler» sind unter anderem Teufel, Narren und Bauern (Meier) sowie hexenartige Weiber, Könige und Mohren erwähnt.

Auf einfachste Weise hatte man sich nicht nur verkleidet, sondern auch das Gesicht unkenntlich gemacht, zunächst mit Russ, Kohle oder Asche. Obwohl 1442 die Obrigkeit erklärt hatte, es sei nicht erlaubt, andere zu «brämen», das heisst mit Russ zu beschmieren, war am «Wuscheltag» (Schmutziger Donnerstag) 1476 Herzog Sigismund von Habsburg «mit den Frowen beremet» (mit geschwärztem Gesicht in Begleitung von adligen Damen) in der Stadt unterwegs. Übrigens: Bereits

Dass schon gegen das Ende des 16. Jahrhunderts Masken – sie waren aus Holz oder Metall gefertigt und natürlich nur für begüterte Fasnachtsnarren erschwinglich – zur Verkleidung getragen wurden, beweist die lavierte Federzeichnung von 1589. Als Autor gilt Niklaus von Riedt. Das Züglein wird von zwei Fackelträgern angeführt, es folgen zwei als Morgenländer kostümierte Musikanten, sodann ein Landsknecht, ein Bischof und ein Hofnarr; den Schluss bildet ein König.

1433 hatte die Obrigkeit die Bevölkerung wissen lassen, dass dem, der in solcher Maskerade angetroffen werde, «man solich Narrenspil abzerren soll», und dass er sowie alle, die in seiner Gesellschaft seien, einen Monat lang vor die Stadt verbannt werde.

«Im Hornung manche schimpf bey tag und nacht geschehen, / indem man Mummerey und fasnacht thut begehen.» – Diese Bildunterschrift hat Matthäus Merian d.Ä. (1593–1650) der Darstellung des Monats Februar in seiner um 1620 geschaffenen Jahreszeitenfolge gegeben. Zu sehen ist, angeführt von einem fackeltragenden Knaben, ein kleiner Zug kostümierter und maskierter Gestalten, die zu nächtlicher Stunde im Kleinbasel unterwegs sind.

Immer wieder wurden Kostümierte und Maskierte gebüsst, weil sie sich nicht an die Fasnachtsverbote hielten. Wir greifen zwei Nachrichten aus dem 19. Jahrhundert heraus: Noch 1816 beobachtete die Polizei einen vierspännigen Fasnachtswagen, dessen Insassen das Gesicht geschwärzt hatten und auch 1833 fiel den Landjägern ein Umzug von schwarz gekleideten Gestalten mit geschwärzten Gesichtern als etwas Besonderes auf. Erst Ende des 19. Jahrhunderts hat man mit dem Schwärzen des Gesichts aufgehört.

«Künstlerlarven» aus Holz oder Metall wurden im Mittelalter nur ausnahmsweise getragen. Erst im ausgehenden 18. Jahrhundert kamen nach und nach Stofflarven, später Wachslarven und schliesslich die aus Papiermaché gefertigten Larven auf.

Bis ins 17. Jahrhundert hinein kamen nach Paul Koelner, dem verdienstvollen Historiker, als Kostüme – ausser der verwechselten Geschlechtertracht – vor: der aus der italienischen Posse stammende Harlekin, welcher sich als Hanswurst im deutschen Fasnachtsspiel seinen Platz eroberte, sodann der Teufel und der Bauer. Allerdings sind für das Vorkommen des Harlekins als Figur in der Basler Strassenfasnacht erst gegen Ende des 18. Jahrhunderts Nachrichten zu finden. Dass sich seit dem Spätmittelalter auch Frauen in den Städten maskierten, ebenfalls in Basel, lässt sich daraus ableiten, dass die Obrigkeit hin und wieder auch Frauen wegen des Maskentragens büssen musste.

1783 ist in den sogenannten Reformationsakten sowohl von elf «jungen Leuten, die vermummt im St. Alban-Umzug herumgezogen sind», die Rede als auch von 16 vermummten Personen, die am Mittwoch der vergangenen Fasnacht in der Stadt herumgelaufen und -gefahren seien. Als Kostüme werden unter anderen erwähnt: Markgräfler Mädchen, Harlekin, Berner Mädchen, Weib in alter Basler Tracht und Bauern aus dem Hotzenwald. Die Vermummten wurden zu saftigen Geldbussen verurteilt. An dieser für die Fasnächtler unerfreulichen Situation konnte sich so lange nichts ändern, als die Fasnachtsverbote in Kraft waren.

Die vermutlich älteste Darstellung von Kostümierten und Maskierten in Basel stammt aus dem späten 16. Jahrhundert. Sie findet sich im Stammbuch des Jacob Götz, das im Historischen Museum Basel aufbewahrt wird. Das 1590 gemalte Aquarell zeigt, angeführt von einem Diener, der den Weg mit brennenden Fackeln weist, drei Bürger der Oberschicht, die zu einem nächtlichen Maskentreiben unterwegs sind.

Der Obrigkeit und der Geistlichkeit ein Dorn im Auge

«Was beim Sammeln von Belegen zur Geschichte der Fasnacht besonders in die Augen springt, sind die äusserst zahlreichen Fasnachtsverbote. Sie sind in unserer Stadt so häufig, dass das Überleben des Brauchtums beinahe als ein Wunder erscheint», erfährt man im Buch «Fasnacht in Basel», als dessen Autoren Robert B. Christ und Eugen A. Meier zeichnen. Und es heisst weiter: «Da wurden doch oft Jahr für Jahr Verbote ausgesprochen und empfindliche Strafen angedroht. Weltliche Behörden wie kirchliche Würdenträger wetterten gegen die Sündhaftigkeit des Verkleidens und Umziehens und forderten Verzicht und Busse. Wohl sind die Anordnungen zeitweilig befolgt worden, doch das ‹verderbliche Übel› an der Wurzel zu packen und auszumerzen, ist nie gelungen.»

Das früheste überlieferte Fasnachtsverbot datiert, wenn wir richtig sehen, aus dem Jahre 1419: Die Ratsherren beklagten sich bitter über das schlechte Benehmen von Verkleideten. 1441, zur Zeit des Konzils, forderte die Obrigkeit, dass zur Fasnachtszeit niemand verkleidet herumgehen soll, weder am Tag noch in der Nacht: «... denn wer es darüber tete, es weren frau oder mann, Edel oder unedel, frömd oder heimisch, der muoss on (ohne) gnade ein lb. (Pfund) phennig zu besserung geben und einen monat vor den Crützen leisten (ausserhalb des Stadtbanns verbringen).»

Anno 1515 gebot die Obrigkeit, dass man sich weder in fasnächtlicher Weise mit verbutztem (geschwärztem) Gesicht noch mit Waffen, Trommeln und Fackeln sehen lasse. – Was hatte fasnächtliches Treiben mit Waffen zu tun?

Die Fasnacht, wie wir sie heute kennen, stand terminlich offenbar in Zusammenhang mit den mittelalterlichen Waffeninspektionen, zu denen sich die zünftigen Bürger jährlich auf ihren Zunftstuben beziehungsweise die Nichtzünftigen und Niedergelassenen auf den Stuben der Vorstadtgesellschaften versammelten. Die wehrfähigen Kleinbasler übrigens trafen sich im Richthaus am Brückenkopf der Rheinbrücke, dort wo heute das «Café Spitz» steht. War die Musterung beendet, zog

Pierrot-Kinderkostüm (1. Hälfte 20. Jh.), Blaue Weste aus Kunstseide mit Vogelmuster und Chiffon-Ärmeln sowie Halskrause; schwarze Hose, schwarzer Gupfhut, Wachslarve, Halblärvli, Pfauenfeder und Straussenfeder.

jede Zunft und Gesellschaft mit Banner und Wappenzeichen und mit Harnisch, Hellebarden und Gewehren bewaffnet in der Stadt um. Solche Waffeninspektionen fanden vermutlich schon in vorreformatorischer Zeit, das heisst vor 1529, statt, nach den Zunftschmäusen am Aschermittwoch, gleichzeitig mit den fasnächtlichen Aktivitäten, insbesondere jenen der Jugend. Weil es immer wieder vorkam, dass Maskierte die umziehenden Zünfte und Gesellschaften belästigten, wurden die «Fasnächtler» regelmässig mit Anzeigen, Ermahnungen und Verboten bestraft.

Den Kindern gegenüber wurde hin und wieder, was ihre Fasnacht, nämlich die Kinderfasnacht betraf, eine gewisse Toleranz geübt. Am 2. August 1784 gab die städtische Kanzlei der Bevölkerung zur Kenntnis, dass in der Fasnachtswoche den Erwachsenen bei empfindlicher Strafe alle ungestümen und zügellosen Tänze untersagt seien und künftig nur den Kindern am Mittwochabend «diese unschuldige Freude» gestattet sei. «Ruhe und Ordnung zu Stadt und Lande beyzubehalten ist Unser Zwek» und deshalb, so erklärte der Präsident des helvetischen Polizey-Comité im Februar 1798 dem Regierungscomité, müsse das sogenannte Umschlagen nebst allem Trommeln und Schiessen und dem Maskieren sowohl bei Tag als bei Nacht für diese Fasnacht unterbleiben.

Regelmässig wurde die Obrigkeit von der Geistlichkeit angesprochen, es sei Zeit, ein endgültiges Fasnachtsverbot zu erlassen. Als diese dem klerikalen Ansinnen entsprach, ging ein Sturm der Entrüstung durch die Stadt, der einen gewissen «Baldrian Niesswurz» veranlasste, den «Schweizer-Boten» am 21. Februar 1807 von den «ungeheuerlichen Verhältnissen in Basel» in Kenntnis zu setzen: «Im ganzen Jahr wissen wir hier nichts von Volksfesten und die einzigen öffentlichen Belustigungen in der Karnavalszeit wurden nun diesmal strenge verboten. Bei weitem der grösste Theil des Publikums war darüber unzufrieden...» Offenbar hatte sich die Regierung doch noch erweichen lassen, denn ein renommierter Restaurant-Besitzer erhielt die Bewilligung, zwei Bälle durchzuführen, wobei die Teilnehmer in anständigen «Costümes», aber ohne «Verlarvung» zu erscheinen hatten.

Grenadier-Kinderkostüm (1. Hälfte 20. Jh.), Uniform mit Helm und Degen.

1813 meldete sich Antistes Emanuel Merian, der erste Pfarrer am Münster und oberste Pfarrer der Basler Kirche, zu Wort. Er ermahnt die Regierung inständig, etwas gegen die Fasnacht zu unternehmen. Er nennt die Maskeraden eine unselige Erfindung, weil Menschen, die keine Gottesfurcht besässen, dadurch einen Freipass bekämen, «die schamlosesten aller Zucht und Ehrbarkeit zuwider laufenden Reden und Taten zu treiben». Weil die Vorfahren dies erkannt hätten, hätten sie, sehr weise, die Maskeraden verboten. «So viel wir wissen, sind sie auch in keiner reformirten Stadt der Löblichen Eidsgenossenschaft erlaubt.»

Auch der Untergang des Ancien Régime (1798) vermochte die Fasnächtler nicht einzuschüchtern. Nun waren es allerdings keine moralischen Bedenken mehr, sondern politische, die die Regierung veranlassten, Vorschriften zu machen. Als sich während der Mediationsjahre (1803–1813) eine gewisse Lockerung der Vorschriften zeigte, die besonders den Kindern zugute kam, erhob die Geistlichkeit wiederum den Mahnfinger.

1834, ein Jahr nach der Kantonstrennung Basel-Stadt/Basel-Landschaft, das der Bevölkerung wiederum ein Maskierungsverbot beschert hatte, war die Regierung noch zögerlich gewesen, die Fasnachtsbelustigungen vollumfänglich zu erlauben – es erging ein Appell an die Vernunft «der Bürger und Einwohner

Basels», nicht zu überborden –, entsprach sie 1835 «auf alle Zeiten» mit der «Verordnung wegen den Fastnachts-Belustigungen» dem Volkswillen. Erlaubt war jetzt auch das Tragen von Masken: «Am Montag und Mittwoch wird gestattet, von Nachmittag 1 Uhr an in anständiger Verkleidung und Masken sich sehen zu lassen.»

Die Basler Fasnacht, die sich seit drei Jahrzehnten in der näheren und weiteren Umgebung einen Namen gemacht hatte, hatte sich damit durchgesetzt und konnte sich zur Eigenständigkeit entwickeln. Und sie hatte es offensichtlich getan, denn Samuel Baur-Lippe (1828–1909), der erste professionelle Fasnachtsmaler, erklärte, dass die Fasnachtsbelustigungen in München und Paris nicht erwähnenswert seien im Vergleich zum fröhlichen Treiben auf Basels Strassen.

Vorne: Altfrank-Kinderkostüm (18.–20. Jh.), Vornehmes Seidenkostüm in Blau mit bordeauxrotem japanischem Glücksmuster; Rock mit Schössen, dazu Kniebundhose. Weisses Satingilet mit reicher Girlanden-, Streu- und Paillettenstickerei (19. Jh.), Jabot aus Maschinentüllstickerei.

Hinten: Dummpeter-Kinderkostüm (Teile 18. Jh.), Weste bunt geblümt, darunter längsgestreiftes lachsfarbenes Seidengilet mit Stehkragen; Seidenhose, Mütze aus gelbem Seidenbrokat und Zopf mit rotem Taftband, auf Baumwollstrümpfen.

Wie sehr allerdings die Fasnacht noch gegen Ende des 19. Jahrhunderts angefeindet wurde, lässt sich dadurch erkennen, dass 1888 ernsthaft der Vorschlag gemacht wurde, sie auf einen einzigen Tag zu beschränken, an dem ein einziger Festzug mit einem Sujet aus der vaterländischen Geschichte zu sehen sei. Ausser den männlichen Jugendlichen sei allen anderen Erwachsenen das Sich-Verkleiden und das Tragen einer Gesichtsmaske zu verbieten.

Die Basler «Fastnacht» im 19. Jahrhundert

Prinz Karneval regiert

Das Wort Morgenstreich als Bezeichnung für den Auftakt der Basler Fasnacht taucht 1808 zum ersten Mal in einer amtlichen Bekanntmachung auf. Im 18. Jahrhundert war das Trommeln ab morgens 7 Uhr, später ab 6 Uhr, 1804 ausnahmsweise ab 5 Uhr und nachher wieder ab 6 Uhr erlaubt. Erst Anno 1835 wurde der Morgenstreich erstmals mit dem vierten Glockenschlag bewilligt. Dabei ist es bis heute geblieben. In früheren Jahrzehnten des 19. Jahrhunderts durfte an beiden Fasnachtsmorgen, am Montag und am Mittwoch, mit dem Hahnenschrei getrommelt werden. Die Teilnahme der aktiven Fasnächtler war aber von jeher am Mittwoch immer geringer als am Montag. Den letzten Mittwoch-Morgenstreich erlebte Basel 1911.

Bei der Durchsicht nach Darstellungen des fasnächtlichen Auftakts weckten zwei Bilder unser besonderes Interesse: Das Aquarell des Basler Malers Hieronymus Hess (1799–1858) «am Aeschenmittwochen 1843» und die anonyme lavierte Federzeichnung aus der Zeit um 1850. Das Bild von Hess ist für uns wegen der imposanten Figur des Tambourmajors, eines Stänzlers, sodann wegen des fackeltragenden Waggis am linken Bildrand und wegen der aus dem Bild schauenden Alten Tante mit dem Biedermeierhut interessant. Larven tragen auch die Teilnehmer am Morgenstreichzug auf der lavierten Zeichnung. Dort aber ist, was die wegweisende Lichtquelle betrifft, eine Neuerung zu entdecken, nämlich die inzwischen eingeführte Stecken- beziehungsweise Traglaterne. Die Verwendung von brennenden Fackeln war stets gefährlich und wurde 1845 durch den Polizeidirektor untersagt: «Dem Auftrag, wegen Fackelzügen bei Anlass des Morgenstreiches Bericht zu erstatten, nachkommend, haben wir zu berichten, dass bereits seit mehreren Jahren die Züge, welche den Morgenstreich schlagen, sich zum Theil der offenen Fackeln zur Beleuchtung bedient haben. Die Polizei hatte ihnen, nach

Umständen, zwei bis drei solcher gestattet, ihnen aber untersagt, gewisse Strassen, wie zum Beispiel beim Kaufhaus (Hauptpost, Rüdengasse), vorbeizuziehen und sie bei etwa windigem Wetter beaufsichtigen lassen. Im vorigen Jahr aber sah sich die Polizei veranlasst, das Tragen von offenen Fackeln beim Morgenstreich, wegen der damals herrschenden stürmischen Witterung des Gänzlichen zu untersagen.» – Als Alternative schlug Polizeidirektor Landerer für die Beleuchtung verschlossene Laternen vor.

Hieronymus Hess (1799–1850), Morgenstreich «am Aeschenmittwochen 1843».

Wir haben vorher darauf hingewiesen, dass gewisse Kreise bereits im Zuge der Reformation darauf aus waren, die Fasnacht abzuschaffen. Dass diese Auffassung am Ende des 19. Jahrhunderts Anhänger fand, entnehmen wir einem Artikel der «Basler Nachrichten» vom Mittwoch, dem 26. Februar 1890. Wir zitieren daraus nicht nur die einschlägigen Anfangssätze, sondern ein paar weitere Sätze, die uns einerseits einen Eindruck vermitteln, wie die Strassenfasnacht zu jener Zeit vonstatten ging, und dann natürlich auch, weil die traditionellen Kostüme Domino und Harlekin erwähnt werden, wobei der Domino, wie die Quellen berichten, eher zur Kostümierung am Maskenball – auch in anderen Städten und Ländern – verwendet wurde als an der Strassenfasnacht. Darum haben wir ihn auch nicht in unseren «Reigen der traditionellen Kostüme an der Basler Fasnacht» aufgenommen:

«Die vielen Krankheiten des letzten Winters haben nach mehr als einer Hinsicht hier das Gefühl erweckt, man sollte die Fastnacht, die ohnedies zu mancher Klage Anlass bietet, fahren lassen. Es haben sich auch in der Presse Stimmen in diesem Sinne erhoben. Allein im Grossen und Ganzen ist an dem diesjährigen Karneval nicht einmal von Einschränkung viel zu bemerken. Er mag etwas zahmer gehalten sein. [...] Aus der Nachbarschaft fanden sich eine Menge Leute ein, so dass die Strassen theilweise schwer passirbar waren. Immerhin mögen andere Jahre noch mehr da gewesen sein. Neben denjenigen, die zu Fuss oder zu Wagen auf eigene Faust sich selbst und die Leute belustigten, waren auch diesmal wieder einige grosse Aufzüge zu Stande gekommen. [...] Die Gruppen waren zum Theil recht hübsch. Man muss sich nun zu ihnen noch die Menge Volks, die Dominos und Harlekins, die Kutschen, aus denen Masken Zeddel, Spreu, Orangen und Blumen warfen, überhaupt das ganze, immer in Bewegung begriffene Durcheinander denken und man hat dann einen schwachen Begriff von der Basler Fastnacht.»

«Buebeziigli» am Morgenstreich, um 1850, lavierte Federzeichnung.

Dass noch gegen Ende des 19. Jahrhunderts in Basel Begriffe wie Fasching, Karneval und Narr zum Fasnachtsvokabular gehörten, bezeugt etwa der folgende in den «Basler Nachrichten» vom 26. Februar 1890 erschienene Bericht:

«Die Liedertafel eröffnet seit zehn Jahren durch ihre Abendunterhaltung im Musiksaal die Fastnacht. Dies Jahr ging es letzten Samstag besonders feierlich zu, der Saal war mit Guirlanden, Festons, Medaillons und andern Dekorationen festlich ausgeschmückt, wovon noch ein Antheil den Maskenbällen zu gute kommt. Eine fröhliche Gesellschaft füllte den grossen Saal. Der Faschingsmarsch von Johs. Schuster (Halbchor mit unterlegtem Text) bildete gewissermassen die Ouvertüre des Abends:

Seid uns gegrüsst, Ihr lieben Faschingsbrüder!
Der Karneval ist da, juheirassassassa!
Trotz Influenz' und Cholera!
Der Morgenstreich rückt an,
Es trommelt, wer da kann,
Ja, ja, ha, ha, ja, ja, ha, ha!
Hoch leb' die Narrethei, der Karneval juhei!

Dieser Fasnachtszug aus dem Jahr 1897, der ein musikalisches Sujet ausspielt – die Laterne in Form einer überdimensionierten Basler Trommel, die den Tambouren vorangehende Musikantengruppe und die Instrumente, die die Trommler auf den Rücken montiert mittragen, deuten darauf hin – gibt ein imposantes Bild ab wegen der historisierenden Kostüme und natürlich auch wegen der Larven. Als Autor des Aquarells ist Carl Roschet (1868–1925) zu vermuten, denn auf der Rückseite erscheint sein Name unter den aufgeführten Trommlern.

Der Maskenball, die Narren all!
Das ganze Jahr ein Narr, drei Tage nur fürwahr
Bleibt ächte Wahrheit offenbar!
Vergessen alle Sorg und Pein,
Lasst uns fidel und lustig sein
Und schenket wacker ein,
Heut' woll'n wir Narren sein!»

Unter dem Regiment von Prinz Karneval zogen die Kostümierten und Maskierten ungeordnet, einzeln oder in Gruppen, durch die Strassen der Stadt. Während des gesamten 19. Jahrhunderts fehlte es nicht an Bestrebungen, dieses Umherziehen an den Nachmittagen und Abenden zu ordnen oder in einer Art Festzug mit einer für alle teilnehmenden Gruppen verbindlichen Thematik zu bringen. Als Vorbild dienten die im frühen 19. Jahrhundert halb ernsthaft, halb fasnächtlich gestalteten thematischen Umzüge. Kenntnis von solchen Umzügen besitzen wir durch Bilderbogen, auf denen die Abfolgen der Gruppierungen von Künstlerhand festgehalten worden sind. Vermutlich ist der älteste jener aus dem Jahre 1835 mit dem Titel «Grosses humoristisch satÿrisches Quodlibet / Ein Fastnacht Zug gehalten am Fastnacht Montag den 9.ten Merz 1835. / in Basel». Themen waren unter anderem: die vier Elemente, die Berufsstände, die Fakultäten der Universität, die Künste.

Der Erinnerungsbogen an den Fasnachtsumzug von 1836 zeigt «Die fahrenden Künste»: hinter dem «Vortrapp», einer wilden Horde von Bajazzi, reitet die «Direction», gefolgt von «Theater-Karactèren», dem «Orchester» und der Abteilung «Theater-Scenen». Dicht gedrängt erscheint hinter dem «Charlatan» und einem «Taschenspieler» das «Theater-Quodlibet»; nach der «grossen Menagerie» bildet der «Schluss-Chor» das Ende.

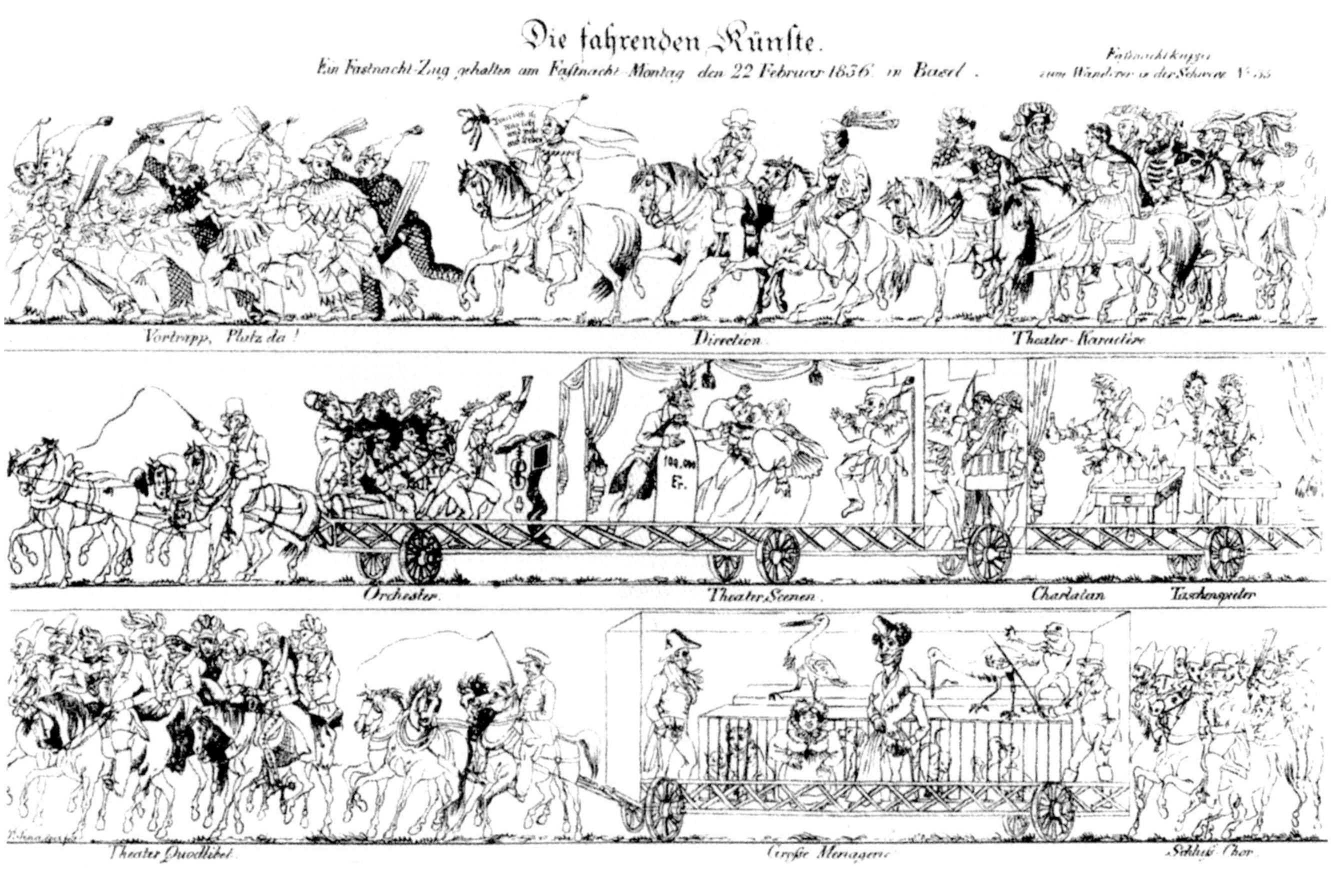

In der «Baseler-Zeitung» war ein Bericht über den «Fastnacht Zug» des Jahres 1835 erschienen. Darin hiess es unter anderem: «Der Hanswurst hat seine Jacke wieder ausgezogen, ausgestäubt und sammt Pritsche und Schellen in der Truhe verwahrt. Einen liebäugelnden Blick wirft er auf seine diessjährigen Favoritkinder zurück; er belächelt schalkhaft das humoristisch-satyrische Quodlibet, worin er erbarmungslos

Bilderbogen vom Fasnachtszug 1856 (I. Teil)
Oben: Gesamtansicht
Unten: Zwei Ausschnitte.
Links: Der Auftakt des Zuges mit hüpfenden Narren
Rechts: Prinz Carnaval in seiner Chaise.

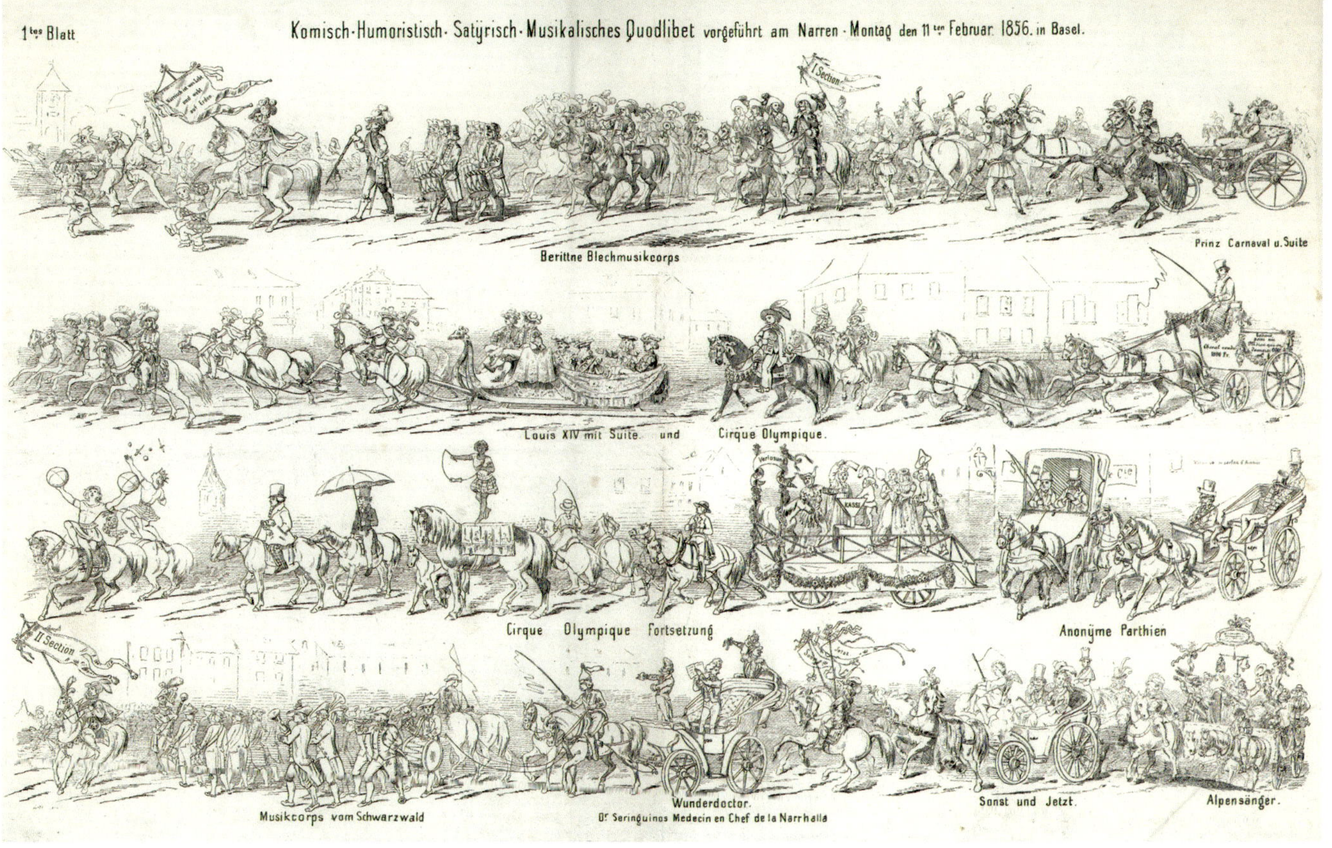

alle Köpfe der Menschen, rechte und schlechte, unter eine Kappe, die der Narrheit, gesteckt und so ziemlich einem Jeden sein Päckchen zugetheilt hat [...] Die Fastnacht ist schlafen gegangen, und ein Jeder trägt wieder seine ordinären Schellen, Kappe und Sporen.»

Kunde von Cliquen-Zügen im frühen 19. Jahrhundert erhalten wir unter anderem im Jubiläumsbuch «100 Joor VKB» (Fasnachtsgesellschaft Vereinigte Kleinbasler). So haben die VKB 1812 einen «Älpler- und Prinzenzug» veranstaltet, 1820 einen «Brautzug aus dem 14. Jahrhundert», 1834 einen «Ritterzug». Man sieht, dass die Fasnacht damals vorwiegend eine historisch-folkloristische Angelegenheit war. Diesen Charakter behielt sie auch in den kommenden Jahrzehnten. Auf dem Bogen von 1836 sind die fahrenden Künste abgebildet. Ein exotisches Gesamtthema, nämlich «Der Einzug des Kaisers Narfou-teky» ist 1844 realisiert worden. Der Bogen von 1853 gibt die patriotische Schau «Der Einzug der 22 Cantone zum Carnaval in Basel» wieder. Wenn wir die auffindbaren Bogen durchsehen, erkennen wir, dass noch im Jahr 1909, also bis kurz vor der Gründung des Fasnachts-Comités, Prinz Karneval ganz selbstverständlich im Zug mitfuhr beziehungsweise mitritt.

Die Fastnacht soll organisiert werden

Den folgenden Text, der über die Entwicklung der organisierten Strassenfasnacht orientiert, haben die Verantwortlichen der 2004 im «Museum der Kulturen» in Basel eingerichteten Ausstellung «Teufel, Tod & Harlekin – Fasnachtstreiben und Maskentänze» verfasst. Zur Illustrierung von frühen Umzügen waren «Umzugsdarstellungen» in Form lithografierter Bilderbogen aus der Zeit zwischen 1850 und 1909 zu sehen.

«In jenen fernen Zeiten, als die Plakette noch Abzeichen hiess und die Fasnacht auch in Basel noch Fastnacht geschrieben wurde, da war auch der Cortège am Montag- und Mittwochnachmittag von deutlich bescheideneren Dimensionen. Die Zahl der Cliquen, ‹Ziigli› und Wagen war überschaubar und Frauen waren praktisch nur auf den Chaisen anzutreffen. Es gab auch kaum Guggenmusiken, dafür zogen Mandolinenorchester, Geigenquintette und Handharmonika-Clubs durch die Gassen. Wenn wir weiter in der Geschichte der Fasnacht zurückblättern, stossen wir durch das ganze 19. Jahrhundert auf fasnächtliche Festumzüge, die sich in ihrer Art von jenen anderswo kaum unterschieden haben. Bis 1909 ritt Prinz Karneval im Zug mit und zur Finanzierung der Fasnachtszüge gaben die Cliquen ‹Carnevals-Actien› heraus. Heute finden an den beiden Nachmittagen zwei gewaltige und farbenfrohe Umzüge statt. Der Aufmarsch ist derart enorm, dass das Fasnachts-Comité eine ausgeklügelte Routenorganisation auf die Beine stellen musste, damit das Publikum das vorbeiziehende Geschehen mit den Klängen, den Farben und dem fasnächtlichen Witz ungetrübt geniessen kann.»

Bereits in der Samstagsausgabe vom 18. Februar 1888 des «Schweizer Volksfreund», der späteren «National-Zeitung», war ein Leserbrief abgedruckt worden, in dem der Wunsch formuliert war, ins fasnächtliche Treiben Ordnung zu bringen. Bemerkenswert ist auch der wirtschaftliche Aspekt der Fasnacht, auf den der Einsender hinweist:

«Schon öfters ist in hiesigen Blättern der Wunsch ausgesprochen worden, es möchte mehr als bisher geschehen, um die hiesige Fastnacht zu heben. In ihrer letzten Donnerstagsnummer wünscht ein Einsender – und mit Recht – man solle mehr als bisher thun, um das, was gebracht werde, auch auswärts bekannt zu machen, denn vom Zuzug von Aussen hänge viel für unsere Gewerbsleute und vorab für die Wirthe ab und Aufgabe des Wirthevereins wäre es, dafür zu sorgen, dass auswärts recht tüchtig Reklame gemacht werde. [...] Unsere baslerische Fastnacht krankt nämlich schon längst an einer heillosen Zersplitterung der Kräfte und ist für viele Theilnehmer nur dazu da, um vor und während derselben sich auf der Trommel zu üben und um seine Fertigkeit in der Bearbeitung des Kalbfelles zu zeigen. [...] Um nun in Zukunft, wenn nicht einen grossen einheitlichen Umzug, so doch mehr Organisation in der Fastnacht zu Stande zu bringen, möchten wir Folgendes anregen: Delegirte z.B. der Vereine in Verbindung mit der Presse, d.h. mit denjenigen Vertretern derselben, die über die Fastnacht berichten und dafür Interesse haben, werden gleich nach Neujahr oder schon vorher zusammentreten und sich als Fastnachtskomite konstituiren. Ähnlich wie z.B. in Luzern der sog. Fritschivater. Dieses Komite hätte die hiesigen Gesellschaften, die gewillt und in der Lage sind, mitzumachen, zu sammeln, event. den einzelnen Gruppen bei der Durchführung der Aufgabe an die Hand zu gehen, aber auch dafür zu sorgen, dass nicht zwei Züge das gleiche Sujet wählen. Dieses Komite hätte auch die Sammlung freiwilliger Beiträge an die Hand zu nehmen und solche an die einzelnen Gruppen zu vertheilen, sei es in Form vorheriger Unterstützungen oder nachheriger Prämien für die besten Leistungen.»

Nach vier Anläufen wurde schliesslich das Fasnachts-Comité gegründet, das sich bis auf den heutigen Tag erhalten und bewährt hat. Zur Geschichte dieser, zwar immer wieder angefeindeten, aber segensreichen Einrichtung: 1905 bildet sich aus einem Unterausschuss des «Quodlibet»-Vorstands das erste Fasnachts-Comité. Das «Quodlibet» – der Name, aus dem Lateinischen stammend, bedeutet wörtlich «wie es gefällt, wie es beliebt» oder «gerade, wie es kommt» – war eine kulturelle Gesellschaft, die im 19. Jahrhundert viel zur positiven Entwicklung der Fasnacht leistete. Nachdem das «Quodlibet» in den 1850er-Jahren die Organisation der Fasnacht an die

Hand genommen hatte, organisierte es offenbar 1884 einen imposanten Fasnachtszug. Damals erhielt unsere Fasnacht eine neue Struktur, ein neues Gesicht. Besonders bekannt wurde das «Quodlibet» durch Theatervorführungen und die Maskenbälle im Stadt-Casino. In die gleiche Zeit fällt die Gründung des Kleinbasler «Wurzengraber-Kämmerli», das ein eigenes – also zweites – Fasnachts-Comité ins Leben rief. 1906 vereinigten sich diese beiden Comités und führten mit grossem Erfolg am 26. Februar in der Kleinbasler «Burgvogtei» das erste Trommelkonzert durch. Wegen eines Konflikts mit einigen Cliquen löste sich das dritte Comité 1909 auf. Da die Notwendigkeit eines Comités erkannt wurde, kam es 1910 zur Bildung eines neutralen Fasnachts-Comités, des vierten in der Reihe. Im gleichen Jahr formierte sich dann das fünfte Fasnachts-Comité, das, wie erwähnt, bis in die Gegenwart wirkt.

Bis 1904 dürften es 10 bis 15 Vereine gewesen sein, die an der Fasnacht mitmachten; es waren nicht Cliquen im heutigen Sinn – der Name Clique taucht 1859 erstmals in einem Zeitungsinserat auf –, sondern Körperschaften mit einem anderen Zweck (Jägermusik, Feldmusik, Turnverein usw.). Schon damals erregten die von jedem Verein, auch von den Schnitzelbänklern veranstalteten Spendensammlungen zur Finanzierung der fasnächtlichen Aktivitäten Ärger bei der Bevölkerung. Resultat: Das Polizeidepartement verbot solche Sammelaktionen. Daraufhin kam bei den Aktiven der Wunsch auf, eine Institution einzusetzen, die für die Teilnehmer sammelte und das gespendete Geld verteilte. Vom Comité wurde also nicht nur die Organisation der Fasnacht, sondern auch die Subvention erwartet. Zur Finanzierung der Subventionen bot das vom Verkehrsbüro aus organisierte Comité 1911 als Nachfolger für die 1902/04/05 aus Deutschland übernommenen metallenen «Karnevalsmarken» ein offizielles Fasnachtsabzeichen zum Verkauf an (vgl. Seite 70).

Larven und Kostüme per Inserat

Auf der Suche nach frühen Mitteilungen über die Kostümierung an der Basler Fasnacht sind auch die Zeitungen, und darin insbesondere die Inseratenseiten oder die Berichte über die Maskenbälle, zu konsultieren. Wie man sich zu Beginn des 19. Jahrhunderts zu kostümieren pflegte, darüber ist beispielsweise im «Siebenten Stück Wöchentlicher Nachrichten aus dem Bericht-Hauss zu Basel» von Anfang Februar 1809 einiges zu erfahren. An die «Verordnung über die Fastnachts-Belustigungen, gegeben von der Kanzley der Stadt Basel vom 1. Hornung» schliesst sich eine ganze Reihe von nummerierten Inseraten an. Wir greifen ein paar heraus, wobei für uns vor allem jene von Interesse sind, in denen traditionelle Kostüme erwähnt werden:

16. Über bevorstehende Fassnachts-Belustigungen werden zwey schöne seidene Bauernkleider, als ein Solothurner und ein Schnitter Tracht, weiblichen Geschlechts, mittlerer Grösse zum auslehnen angeboten.
17. Bey Wittib Georg zum Rebstock ist ein schön gross Berner-Kleid über die Fassnacht zu verlehnen.
18. Madame Pfeiffer a l'honneur de prévenir le Public, qu'elle a un très-bel assortiment d'habits pour balle masqué, tous fait au dernier goût; ces habits consistent en Turque, Mamelouck, Berger, Espagnol, Nègre, Esclave, Pierro[t], Harlequin, Follie, Figaro, Sauvage, et Domino, en fait de costumes de femmes fanchon très-belles et trèsélégantes en satin, soye et laine, forêtnoir, Bernoise, Paysanne françoise, Tirolienne, Espagnoilette, Mamelouck, Bergère, et autres costumes d'autre genre, et très-brillants; l'on trouvera aussi chez elle les masques pour les habits; le tout à très-juste prix.
20. Bey Georg Raab Schneider in No. 94 an der Rebgass im kl. Basel sind diese Fassnacht hindurch allerhand Kleidungen als: Mameluken nach neuester Facon, Harlequin, Türken, Mohren und noch andere Artickel mehr zu verleihen oder zu verkaufen.
27. Bey Frau Marrer geb. Streckeisen an der Thorsteinen sind einige sehr schöne neu verfertigte Frauenzimmer Masken-Kleider um bill. Preis über die Fassnacht zu verleihen.

30. Schöne meist ganz neue geschmackvolle reinliche Masquen-Kleidungen, besonders neue Harlequins, Bauern-Trachten, und andere Charakter-Kleidungen werden auch dieses Jahr wieder zum ausleihen offerirt, und zugleich angezeigt, dass Montag und Mittwochs auf E.E. Zunft zum Bären, während der Ballzeit, Dominos und andere Kleidungen zu haben sind; auch ein grosses Assortiment schöner Kunst-Blumen, bey Leonh. Felber, Sohn, an der Gerbergass.

Neben der Strassenfasnacht erfreuten die fasnachtsfreudigen Bürger Maskenbälle, die seit 1826 jeweils am Montag- und am Mittwochabend im Stadt-Casino durchgeführt wurden. Seit 1834 fanden solche Tanzvergnügen auch im neuen Stadttheater auf dem «Blömlein» am unteren Steinenberg statt. Konkurrenz erwuchs den Casino- und Theaterbällen ab 1860 durch das «Quodlibet» im Kleinbasler Gesellschaftshaus (Café Spitz). In den Presseberichten über diese per Zeitungsinserat annoncierten Veranstaltungen tauchen hin und wieder auch die Namen von traditionellen Kostümen auf: Im Februar 1901 veranstaltete das Wurzengraber-Kämmerli zum 15. Mal den Fasnachtsmontag-Maskenball im grossen Saal der Burgvogtei. Am 10. Februar erschien in der «National-Zeitung» ein Bericht, in dem es unter anderem hiess:

Inserat aus der Inseratenseite der «Basler Nachrichten» vom 23. Februar 1890.

«Der Ball verlief im allgemeinen genau so, wie er schon 14 Mal verlaufen ist, nur dass seit jenem Anfangsball, dessen Erinnerungen uns noch tief in den grauen Nebel des 19. Jahrhunderts zurückführen, der allseitige intellektuelle und wirtschaftliche Fortschritt sich Jahr für Jahr auch auf dem Gebiete des geselligen Narrentums kräftig bemerkbar gemacht hat.» – Diese Bemerkung des Reporters bestätigt, dass sich die Basler Fasnacht um die Jahrhundertwende nicht nur, was die Strassenfasnacht angeht, merklich entwickelt hatte, sondern auch auf dem Gebiet der Maskenbälle. Der Bericht ist für unser Thema aber darüber hinaus bemerkenswert, weil man erfährt, dass die Jury bei der Preisverleihung an die schönsten Masken den 1. Preis drei weiblichen «Harlequins» und den 3. Preis drei «Polchinells», also an traditionelle Kostüme, verliehen hatte. Übrigens: Pulchinella ist bekanntlich eine der beliebtesten Gestalten der Commedia dell'Arte, nämlich der aus Neapel stammende Spaghetti-Spassmacher, in weissem Kostüm mit schwarzer Maske.

Zwei Musterseiten aus dem um 1914 erschienenen Firmenkatalog von Jean Louis Kaiser, dem in Basel berühmten «Kostüm-Kaiser», in welchem 50 000 Kostümteile für Gruppen und Einzelpersonen zum Kauf oder zur Miete angeboten werden. Die Firma führte übrigens nicht weit von der Landesgrenze entfernt, in Weil, eine Filiale. Diese Tatsache mag ebenfalls zur Annäherung der Basler Fasnacht an die Fasnacht jenseits des Rheins, wenigstens vom Erscheinungsbild her, beigetragen haben.

In den zwanziger Jahren wartete die «National-Zeitung» vor der Fasnacht mit einer Fülle von Inseraten auf, in denen sich hiesige Firmen als Lieferanten von Fasnachtsstoffen oder Zutaten zu Maskenkostümen anpriesen. Darüber hinaus wurden jeweils auf der Seite «Kostüm und Maske», oft von Künstlerhand dargestellt, fantasievolle Kostümvorschläge für den Maskenball gemacht.

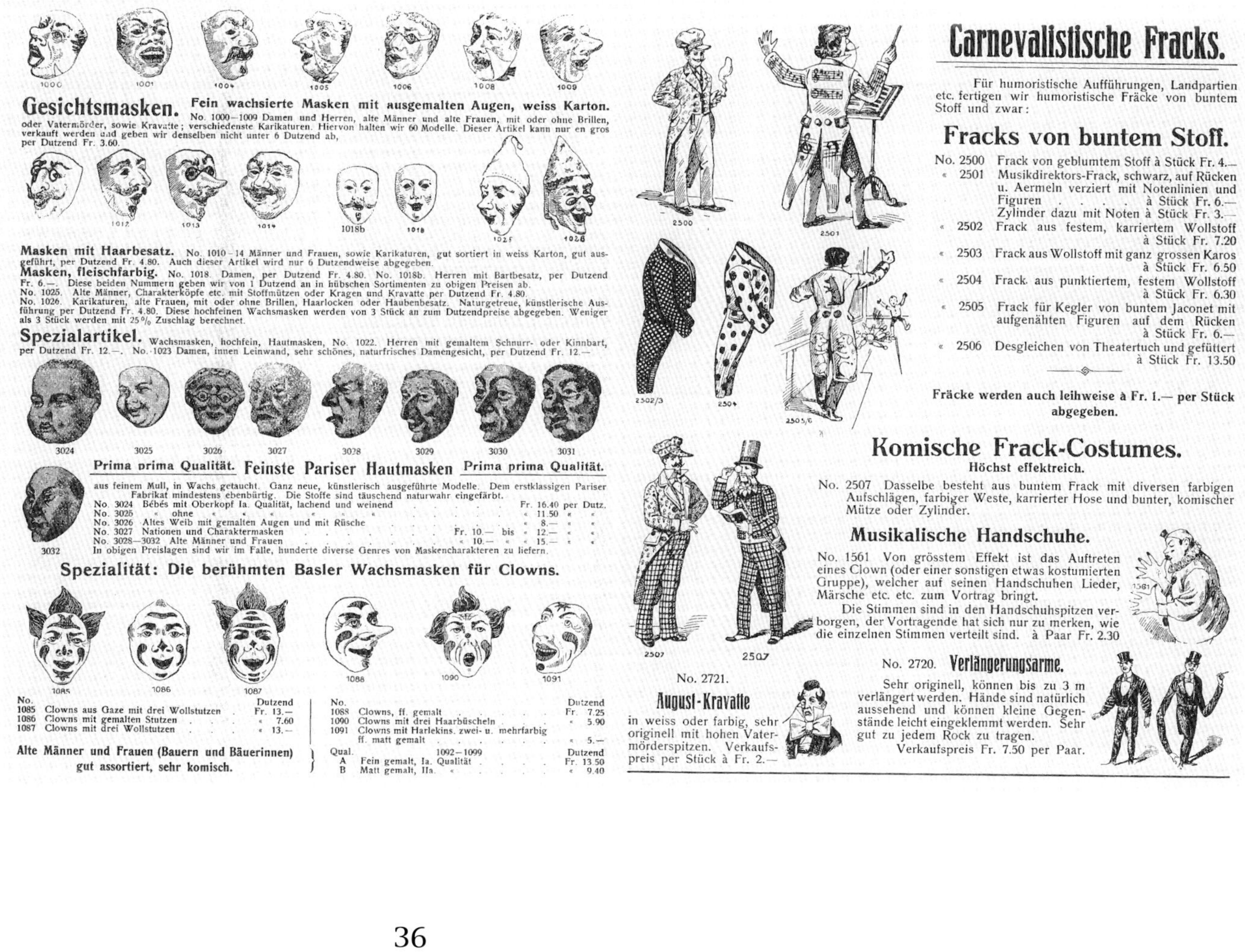

Narren-Zeitung und Fastnachtspostkarte

In der Ausgabe vom 24./25. Februar 1890 wurde die Leserschaft der «Basler Nachrichten» auf das Erscheinen von zwei Fasnachtszeitungen aufmerksam gemacht: «Bis jetzt sind uns der «Basler Lälli», Herausgeber W. Arnold, und die «Basler Narren-Zeitung» von Wittwe Krüsi zugestellt worden. Politisches und Lokales sind in buntem Gemisch darin vertreten. Die Fastnachtsbogen aus der Buch- und Steindruckerei Müller-Schmid enthalten viel Drolliges und Humoristisches, so die Affaire Pflugk-Hartung, die Salzgraberei von Bettingen, den Buchdruckerstreik u.s.w.»

Um 1900 erreichte die Zahl der Fasnachtszeitungen ihren Höhepunkt. Oft handelte es sich zwar um Eintagsfliegen, eine ganze Reihe aber erschien über längere Zeit, zum Beispiel die «Basler Narren-Zeitung», «Narrhalla», «Faschings-Wespen», «Basler Narrenblatt», «Basler Giggernillis», «Faschings-Zeitung», «Schnörre-Wagner», «Der Basilisk», «d'Schnure», «Der Dubel», «Der Joggeluner», «Beesi Gosche», «Schnudernase». Der «Basler Beppi», die illustrierte Narrenzeitung, welche beispielsweise 1882 in Schriftdeutsch erschienen war, kam 1913 in Baseldeutsch heraus.

Am 10. beziehungsweise am 28. Februar 1901 wurden in der «National-Zeitung» zwei Fasnachtspostkarten angepriesen. Die damit verbundenen näheren Angaben sind für uns Heutige in verschiedener Hinsicht wertvoll:

«Der in Fastnachtskreisen seit Jahren rühmlichst bekannte hiesige Maler Herr Carl Roschet hat eine Fastnachtspostkarte geschaffen, welche geeignet ist, auch das Interesse eines weiteren Publikums zu fesseln. Im Vordergrund erblicken wir die Basilea, auf das Wappenschild gestützt, welche von einem flotten Narren eingeladen wird, an den Festfreuden teilzunehmen, während eine schneidige Tambourengruppe unter Anführung Li Hung-Tschangs vorbeizieht, in gelungener Weise die europäischen Mächte in China darstellend, mit einem veritablen chinesischen Gebäude als Laterne. Im Hintergrunde sehen wir das neue Rathaus. Die flott gezeichnete Karte ist im Verlage der Buchdruckerei Gebr. Bertschi in Basel erschienen und zeichnet sich wie gewohnt durch saubersten Druck aus. Diese Fastnachtskarten, welche in den meisten einschlägigen Geschäften der Branche erhältlich sind, werden sich zweifelsohne eines regen Absatzes erfreuen, den dieselben auch wirklich verdienen.»

«Eine originelle Ansichtskarte für die kommende Fastnacht bringt Herr E.W. Schreiber in den Handel, sowohl in einfachem Schwarzdruck als in bunten Farben. Dass die Karte eine baslerische ist, ergibt sich nicht nur aus dem Text als Fastnachtsgruss, sondern auch aus den beiden Ansichten der alten Rheinbrücke mit dem Kleinbasler Gesellschaftshaus und des Münsters mit der Pfalz. Die Fastnachtstage repräsentieren verschiedene karnevalistische Figuren. Die äusserst hübsche Karte wird sicherlich allgemeinen Anklang finden; sie ist in den verschiedenen hiesigen Papeterien erhältlich.»

Postkarte «Basler Morgenstreich» (gestempelt am 19.XI.07), Vermutlich hat Carl Roschet, kurz nachdem das Rathaus in den Jahren 1898–1904 links den Erkerbau und rechts den Turm erhalten hatte, diese stimmungsvolle Morgenstreich-Karte gestaltet, mit der im Schein von Steckenlaternen und einer Zugslaterne vorüberziehenden Trommlergruppe, über der als geisterhafte Erscheinung Prinz Karneval sein Szepter schwingt. Neben einem Waggis, dessen Nase sich noch in der üblichen Proportion zeigt, ist ein Pierrot die zweite traditionelle Fasnachtsfigur, die unser Interesse weckt.
Carl Roschet (1868–1925) war in Basel als Heraldiker und Kunstmaler tätig. Die «Vereinigten Kleinbasler» (VKB) gewannen ihn als Laternenmaler. Die erste Laterne hat er vermutlich bereits 1895 geschaffen. Mit Bestimmtheit lässt sich sagen, dass die Laternentransparente der Jahrgänge 1900, 1903, 1904, 1912, 1914 und 1920 von seiner Hand stammen. Der Fasnachtsclique «Olympia» malte er für die Fasnacht 1910 und 1911 das «Prunkstück des Zuges».

1

2

3

4

5

1 Titelseite der Fasnachtszeitung «Der Dumme Peter» (Ausgabe 1914); sie ist uns wertvoll als Dokument dafür, wie damals die Larve des «Dummpeter» ausgesehen hatte.

2 Titelblatt der Fasnachtszeitung «Basler Giggernillis» (illustriertes narren-extrablatt), nach einem Linolschnitt von Emil Beurmann (1862–1951).

3 Postkarte «Basler Fastnacht» von 1912.
Ein attraktives Trio von traditionellen Fasnachtsfiguren hat der Maler und Grafiker Paul Kammüller (1885–1946) als Motiv für seine Postkarte gewählt: einen Waggis als Trommler, einen Harlekin mit Halblarve als Pfeifer und einen Dummpeter als Träger einer Steckenlaterne.

4 Bis auf den heutigen Tag werden traditionelle Fasnachtsfiguren als Werbeträger für die Basler Fasnacht eingesetzt: Dies gilt auch für die Gestaltung der Fasnachtsplaketten. Als Beispiel greifen wir die Plakette des Jahres 1953 heraus.

5 Postkarte «Basler Fastnacht» (gestempelt 2.III.14). Als Grundlage diente hier eine Fotografie.

Die Basler Fasnacht im 20. Jahrhundert

Die Geburt der Künstlerlarve

Zunächst sei festgehalten: An der Basler Fasnacht trägt man keine Maske vor dem Gesicht, sondern eine Larve. Unter einer Maske versteht man eine kostümierte und maskierte Person.

In zahlreichen Ateliers entstehen die vielen Kreationen, die der Basler Fasnacht ihr einzigartiges Gesicht verleihen. Da gibt es nicht einfach den Harlekin, den Pierrot, den Bajass, den Waggis oder die «Alti Dante», sondern auch Variationen davon. Dazu kommen unzählige, nicht auf einen klassischen Typ zurückgehende Larven, die im Zusammenhang mit dem ausgespielten Sujet kreiert werden.

Auf dem herrlichen «Morgestraich-Helge» von Karl Pflüger (1884–1974) aus dem Jahre 1928 tragen die Kostümierten offensichtlich Larven, die die Charakteristik der Basler Künstlerlarven zeigen.

Wenn man sich Darstellungen von der Fasnacht um 1900 anschaut, dann entdeckt man, dass die Larven anders aussahen als heute. Sie waren meist aus geleimter Leinwand oder aus Wachstuch gefertigt. Erworben wurden sie bei Kostümverleihern und Spielwarenhändlern, welche die Artikel ihrerseits im Ausland bezogen.

Es ist ein Glücksfall, dass ein Augenzeuge, Willi Hildenbrand, 1939 vom Fasnachts-Comité eingeladen worden war, in einem Beitrag zum damals erschienenen Fasnachtsbuch – es wurde 1955 wieder aufgelegt – zu schildern, wie es dazu gekommen war, dass die hiesigen Fasnächtler ihr Gesicht nicht mehr hinter ausländischer Massenware verstecken mussten. So sind wir über die Geburtsstunde der Basler Künstlerlarve bestens unterrichtet. Ausführlich erzählt der «Olymper» Hildenbrand:

Ob diese beiden Frauenlarven – es handelt sich wohl um Alte Tante-Larven – die vermutlich vor 1900 modelliert wurden, in Basel getragen wurden, lässt sich nicht mehr sagen.

«Diese heute stark entwickelte Fastnachts-Industrie der Basler Künstlerlarven existiert noch keine 20 Jahre, und doch sind heute diese Larven die originellsten Masken, die ich kenne. Es war im Jahre 1921, da die Fastnachtsgesellschaft Olympia als Sujet ‹Moderne Kunst› persiflierte. Die Kostüme, von unserem damaligen Laternenmaler Paul Rudin entworfen, bestanden aus einer Farbtube als Kopfbedeckung, primitiver Malerbluse aus gefärbtem Rupfen, quadratisch geleimten Hosenbeinen, dito Schuhüberzügen und kubischen Larven. Der ganze Witz dieses Kostüms lag darin, diese kubischen Larven zu bekommen. Es war vier Wochen vor der Fastnacht und alle Anfragen bei hiesigen Larvenhändlern, auswärtigen Larvenfabriken, auch bei der damals kürzlich gegründeten Larvenfabrik in St. Gallen, wurden dahin beantwortet, es sei unmöglich innert dieser Frist solche Larven herzustellen, auch aus technischen Gründen könne nicht darauf eingegangen werden, weil die stark eingebogenen Kanten dieser kubischen Form sich von den Formen nicht lösen lassen.

Nun aber existiert das Wort «unmöglich» im Wörterlexikon eines guten Fastnächtlers nicht. Auch der damalige Zugschef liess sich nicht einschüchtern. Mit dem Vorsatz, wenn diese Fachleute die Larven nicht anfertigen können, so probieren wir das selber [...]. Nach reiflicher Überlegung und

Diese Ueli-Larve ist erstmals 1898 abgebildet. Sie stellte die Grundform für Wachslarven dar. Kopien davon werden heute noch von den Ueli der Drei Kleinbasler Ehrengesellschaften benützt.

Fühlungnahme mit anderen, älteren Fastnächtlern hat er sich mit Paul Rudin, der damals noch als Bühnenbildner beim Stadttheater engagiert war, in Verbindung gesetzt und konnte ihn nach einigem Hin und Her überzeugen, dass diese Larven doch kaschiert werden könnten. Nun wurde sofort ans Werk gegangen. Im Malersaal, hoch oben im Basler Stadt-Theater, wurde, nachdem P. Rudin ein Gipsmodell angefertigt hatte, mit den Versuchen begonnen, was schliesslich nach vielen vergeblichen Bemühungen mit Erfolg gekrönt war. Es würde zu weit führen, wollte ich alle Details anführen, bis endlich etwas, einer Larve Ähnliches, vor uns lag. Ich möchte nur noch erwähnen, dass die ersten Larven nur aus Zeitungspapier, dann aus Kaschierpapier und zuletzt aus Kaschierpapier mit Kulissenleinwand-Einlage hergestellt wurden. Schön waren unsere Larven nicht, aber nachdem sie übermalt waren, haben sie voll und ganz den Zweck erfüllt.

Herr Métraux, Inhaber der Firma Métraux & Cie., dem ich an der Fastnacht stolz unsere selbstfabrizierten Larven vorführen konnte, hat sich sofort für die Fabrikation interessiert und schon im darauffolgenden Jahr 1922, unter Mitwirkung von P. Rudin und dessen Anleitung, mit der Fabrikation von kaschierten Larven, in bedeutend besserer Aufmachung, begonnen. In der Folge haben sich auch weitere Kreise unserer Basler Künstler interessiert und im Entwerfen von originellen Larven ganz Hervorragendes geleistet, so dass auf Veranlassung der Firma Métraux & Cie. selbst der Basler Kunstkredit 1925 einen Wettbewerb für Larvenentwürfe ausschrieb. Die Firma Métraux & Cie. hat diese Entwürfe, gegen Entrichtung der Preissumme, übernommen und im gleichen Jahr mit der Fabrikation von Wachslarven begonnen, nachdem schon im Jahre 1925 die Firma Ad. Tschudin Larven nach einem Verfahren aus einer Masse hergestellt hatte, welche allerdings leicht zerbrechlich waren, aber beim Bemalen Farbentöne von wunderbarer Klarheit und Natürlichkeit herausbrachten. Diese neue Industrie erlaubt nun heute jedem Fastnächtler, die zu seinem Kostüm passende Larve extra anfertigen zu lassen.»

Diese Larve vertritt die sogenannten 20-Centimes-Larven. Sie stammt aus dem Jahre 1912 und ist unlackiert.

In einem Atelier an der Weissen Gasse experimentierten Alphonse «Fuffi» Magne und Adolf Tschudin, die beim erwähnten Theatermaler Paul Rudin das Larven-Kaschieren erlernt hatten, weiter. Sie versuchten es unter anderem mit einer Masse aus Holzstoff, Ton, Kreide und Leim, die geknetet, ausgewallt und dann wie ein Wähenteig ins Negativ eingelegt und getrocknet wurde. Da, wie wir eben vernommen haben, diese Larven aber leicht zerbrechlich waren, setzte sich schliesslich 1927 jenes Verfahren durch, bei dem das aus Holzzellulose gefertigte Bodenabdeckpapier der Flachmaler gebraucht wird.

Um 1925 trennten sich die Wege der beiden Pioniere in Sachen «Basler Larvenbau». Adolf Tschudin, Inhaber eines kleinen Fabrikationsbetriebs für Spielwaren und Festartikel, spezialisierte sich auf die Herstellung von Einzelmasken für Bälle. Zur Gestaltung der Modelle und zur Bemalung rief er Künstler. Von der ersten Stunde an war Otto Abt dabei. Zum «Larve-Tschudi» stiessen in rascher Folge die Bildhauer Louis Weber, Adolf Weisskopf, Carl Gutknecht und Haiggi Müller, die Kunstmalerinnen Irène Zurkinden und Lotti Krauss sowie der Kunstmaler Max Wilke. Dieser ersten Larven-Generation folgen nach dem Zweiten Weltkrieg weit über hundert Künstlerinnen und Künstler, darunter sehr viele, die auch ausserhalb der Fasnacht das Basler Kunstleben des 20. Jahrhunderts entscheidend mitgestaltet haben. Wir denken etwa an Faustina Iselin.

«Fuffi» Magne entschloss sich zur Massenherstellung von Larven für die Cliquen. Auch er arbeitete mit Künstlern zusammen, so etwa mit dem Bildhauer Willy Hege oder dem

Inserat der Larvenfabrik Métraux-Bucherer in der «National-Zeitung» von 1924.

Maler Heinz Fiorese. In den dreissiger Jahren war Magne marktbeherrschend, belieferte er doch regelmässig mehr als zwei Drittel aller Cliquenzüge mit seinen Larven. Eine segensreiche Erfindung für jeden Fasnächtler gelang Magne 1934 mit dem «Güpfi», einer kaschierten Kopfschale, die seither das Tragen der Larve angenehmer macht und erst noch grössere Aufbauten ermöglicht. Bis 1953 wurde das Larvenatelier als Saisonbetrieb mit einem Malergeschäft geführt; seither beschäftigt man sich das ganze Jahr mit der Fasnacht. Der Sohn Roger Magne lernte das Larvenmachen und auch das Laternenmalen schon früh. Nach dem Tod des Vaters (1965) entschloss er sich, zusammen mit seiner Frau das Atelier weiterzuführen. Heute ist bereits die dritte Generation im Geschäft.

Die in den 1920er-Jahren entwickelte Herstellungsmethode und der Beizug von Basler Kunstschaffenden zur Gestaltung der Larven sorgten dafür, dass die Basler Künstlerlarve in kurzer Zeit geschätzt wurde, insbesondere von den Fasnächtlern, die ihr Gesicht dahinter auf angenehme Art verstecken konnten. Die Zahl der Betriebe nahm vor allem nach 1945 zu. Dieses Gewerbe, das mit seinen Schöpfungen zum eindrücklichen Gelingen der «drei schönsten Tage im Basler Jahr» beiträgt, beschäftigt halbjährlich zahlreiche Menschen in den verschiedenen Ateliers.

Da wir – und bestimmt auch unzählige andere Fasnächtler – von Einheimischen und Fasnachts-Touristen immer wieder gefragt werden, wie denn eine Larve hergestellt werde, geben wir hier noch eine Handvoll Informationen über die traditionelle Herstellung einer Larve:

Nach einer Ideenskizze wird eine Plastik aus Ton gefertigt. Ist das Tonmodell angetrocknet, wird es mit einer dünnen Vaseline-Schicht eingestrichen, damit sich später der dick aufgetragene Gips wieder leicht lösen kann. Diese Gipsschicht ist die Negativ-Form, welche innen mit Spezial-lack beschichtet wird. Nach dem Austrocknen wird die Innenseite mit Vaseline bestrichen. Nun wird kaschiert: Lagenweise wird das in kurze Streifen gerissene und mit Kleister bestrichene Larvenpapier – es ist etwa 200 g schwer – sorgfältig in die Form gelegt und angedrückt. Vier Lagen reichen in der Regel aus.

Zwei Wachslarven für Erwachsene. Links: Clown, rechts: Waggis von Fritz Grogg. Um 1930.

Nach dem Antrocknen wird die rohe Larve aus der Hohlform gelöst und bis zum vollständigen Austrocknen bei Zimmertemperatur auf einen Rost gelegt. Dann wird sie aussen weiss grundiert und innen mit Schellack bestrichen. Ist der Rohling wieder trocken, werden die überflüssigen Kartonränder abgeschnitten. Mit Acrylfarben, Aussen-Dispersion und Künstlerölfarben wird die Larve bemalt. Oft reichen einige Pinselstriche und Farbtupfer, um dem Larven-Gesicht den gewünschten Ausdruck zu verleihen.

Der künftige Träger der Larve kommt zur Anprobe seines «zweiten Gesichts» samt «Güpfi». Das «Güpfi» wird an die Larve genietet und die Löcher für die Augen, die Nasenlöcher und die Mundöffnung werden ausgeschnitten. Zum Schluss wird eine Perücke aus Hanf, Bast, Sisal oder einem anderen Material und allenfalls ein Hut oder ein Aufbau montiert.

Acht Gipsmodelle für die Anfertigung von Wachslarven. Hergestellt wurden die Modelle für die Firma Métraux-Bucherer durch Basler Künstlerinnen und Künstler. Für die Firma waren im Laufe der Zeit – das Geschäft Métraux ging nach dem Zweiten Weltkrieg an das Spielwarengeschäft Franz Carl Weber über – unter anderem tätig: Paul Wilde, Haiggi Müller, Max Varin, Otto Plattner, Adolf Weisskopf, Hedwig Frei, Karl Hindenlang, Martha Pfannenschmied und natürlich die Inhaber Max Bucherer und Emil Métraux.

1 Pierrot. Max Bucherer. Zwischen 1926 und 1930.

2 Pierrette. Max Bucherer. Zwischen 1926 und 1930.

3 Stänzler («Schnauzi»). Entwurf Otto Plattner, modelliert von Max Varin. 1929.

4 Stänzler. Entwurf Otto Plattner, modelliert von Alfred Seiler. Larven nach diesem Modell tragen die «Rumpler».

5 Waggis. Künstler unbekannt. Um 1930.

6 Waggis. Künstler unbekannt. Um 1930.

7 Alte Tante («Sophie»). Hedwig Frei. Um 1930.

8 Dummpeter. Künstler unbekannt. Wachslarve nach diesem Modell im «Museum der Kulturen», Basel.

1

2

3

4

5

6

7

8

Wachslarve für Kinder («Däntli»). Entwurf Otto Plattner.

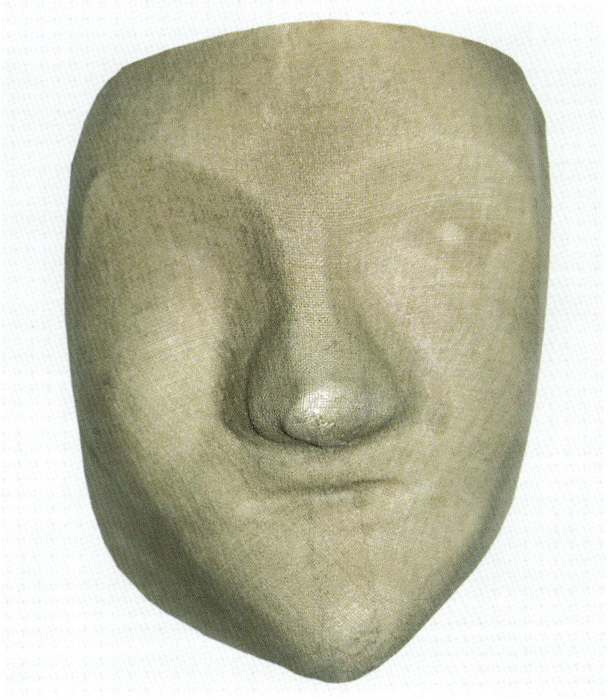

Wachslarve für Kinder. Alte Tante.

Die Basler Fasnacht ist seit Beginn des 20. Jahrhunderts immer wieder auch im Gedicht besungen worden, besonders natürlich im Stadtdialekt – uff Baaseldytsch. Um aufzuzeigen, wie die Larve, wenn sie nicht Teil eines Zugs-Kostüms ist, beim Intrigieren zum Einsatz kommt, drucken wir hier das 1958 im Bändchen «Spritzfährtli» erschienene Gedicht «Hinder der Laarve» des unvergesslichen Stadtpoeten Blasius ab, der, Advokat und Notar von Beruf, mit bürgerlichem Namen Dr. Felix Burckhardt hiess und es verstand, Witz, Satire und lyrisches Empfinden mit feinem Sinn für die Sprache meisterhaft zu verbinden:

Isch au s Goschtym voll vo Schaabe,
lauft der s Wasser innen aabe,
sitzt au d Laarve schlächt und druggt,
kaasch au in der Baiz, der haisse,
fascht nit us den Auge gnaisse,
fraisch di drotzdäm wie verruggt.

Was di bysst, isch glyy vergässe.
Lang gnueg bisch im Gaggoo gsässe;
jetz kunnt d Faasnacht wiider draa,
wo me hinder syner Laarve
mit em Stimmli wien e Haarfe
jeedem alles saage kaa.

Äntlig kaasch em Max ain zinde.
Alli syni vyyle Sinde
griegt er uff sy Suppeschlitz.
«Duu, wo duesch, als sygsch der Näppi,
bisch jo drotz dym Gold am Käppi
nuur e miede Gschäftlifritz!»

Äntlig driffsch emool der Guschti.
Lueg doch, wie dä Oobergluschti
blaich wiird und sich schämmt wie lätz,

wenn de saisch, sy gmoolti Grytte
haig jo scho syt lange Zyte
nääben imm zää andri Schätz.

Au em Fritz gisch ain uff d Glatze,
bis em syni Sogge blatze
und er fascht im Hemmli stoot:
«Kumm, vergiss emool dy Poose!
Soone Gaischtig-Obdachloose
Git s jo kuum im Groosse Root!»

Äntlig kaasch em Ruth verzelle,
was de lengscht hesch saage welle:
«Du bisch doch der syydigscht Goof!»
Nyt mee bruuchsch jetz aabezschlugge,
daarfsch si au e bitzli drugge,
noochhäär bim verliebte Schwoof.

Soo bringsch hinder dyner Laarve
bald e Schieffe, bald e Schaarfe.
Jeede Spruch isch hit tabuu.
Niemets daarf go nyydig knuure;
denn die rächte Baasler Schnuure
hänn drei Dääg e Passe-partout.

«Basler Waggis». Max Varin.
Ende 1920er-Jahre.

Waggis («Sprungschanze»).
Entwurf Otto Plattner,
modelliert von Adolf
Weisskopf. 1930er-Jahre.

Die fasnachtslosen Jahre

Dass während des Zweiten Weltkriegs keine Fasnacht stattgefunden hatte, ist verständlich. Verständlich ist auch, dass diese Jahre vielen Fasnächtlern lang vorkamen. Als «Trostpflästerchen» wurde in den oberen Räumen der Kunsthalle im Januar des – wie sich ja erst später herausstellen sollte – letzten Kriegsjahres eine Fasnachtsausstellung auf die Beine

Umschlagvorderseite des kleinen Lexikons «e-n-ABC dur d'Basler Fasnacht», das das Fasnachts-Comité im letzten Jahr des Zweiten Weltkriegs herausgebracht hatte und das erhältlich war für die Besucher der Kunsthalle-Ausstellung, mit der damals – wenigstens museal – an die Fasnacht erinnert wurde.

gestellt, in vollem Bewusstsein, dass die Fasnacht eigentlich nichts im Museum verloren hat. In der Besprechung dieser Ausstellung, welche die «National-Zeitung» am 27. Januar 1945 veröffentlichte, war unter anderem folgendes erwähnt:

«Zwei Künstler und prominente Fasnächtler haben sich der Konservierung der Fasnacht so angenommen, dass man sie eben dennoch als Erinnerungsgabe und Zukunftshoffnung goutiert. Gute Konserven müssen ja auch nicht unbedingt einen Blechbüchsengeschmack zurücklassen, und wenn man tiefgefrorene Früchte vorsichtig auftaut, so schmecken sie oft wie frische, auch wenn man auf die Nidel heute verzichten muss. Bitte nicht so anspruchsvoll im sechsten Kriegsjahr! Also Charles Hindenlang und Haiggi Müller haben alles so arrangiert, dass es nur eines mitternächtlichen oder besser ‹morgenstreichlerischen› Zaubers bedürfte, um die kostümierten und belarvten Puppen alle zum Trommeln und Pfeifen, Intrigieren, Schnitzelbänggeln, Tuten und Blasen und Tanzen zu bringen. Und als wir am Donnerstagmorgen um elf Uhr einen ersten Blick in die Fasnachtswerkstatt werfen durften, da flammten plötzlich die Laternen auf, der Guggemuusigdirigent schwang seinen Stab, und unter Fackelbeleuchtung zog der Hess'sche Morgenstreich in abenteuerlichem Charivari vorbei; eine ‹läbige› Clique, die Basler Mittwoch-Gesellschaft, stellte sich auf, ruesste und pfiff die Festmärsche herunter, dass es eine Lust war. Charly setzte seine alte Kutschnernase auf und begrüsste die Gäste in fasnächtlicher Weise und Kurt Haegler, diesmal nicht als Verkehrsdirektor, sondern in der Maske des echten Fasnachtskomitadschis gab die nötigen Aufklärungen, die der Besucher der Ausstellung übrigens konzentriert und ausführlich in dem fertigen kleinen Lexikon ‹e-n-ABC dur d'Basler Fasnacht› an der Kasse vorfinden wird. Die freche lustige Waggisnase auf dem Plakat schnuppert in die Schneeluft hinaus und stellt fest: ‹'s isch scheen Wätter hit›: der Stock winkt und droht und mit seiner weissbehandschuhten Linken zählt der Waggis dir deine Sünden auf.»

Einen originellen Einfall für die «Kriegs-Plakette» von 1943 hatte der Grafiker Fritz Grogg (1905–1968); die «yygspeerti Fasnacht» nannte er sie. Und unverwechselbar auf die Basler Fasnacht gemünzt ist sie: Eingesperrt ist Frau Fasnacht als Alte Tante in einem typisch baslerischen Bau, nämlich im «Käppelijoch», in der aus der Gotik stammenden kleinen Kapelle über dem mittleren Joch der ältesten Rheinbrücke. – Die Plaketten von 1941 bis 1945 wurden in Zink geprägt. Ein grosser Teil des Erlöses kam der Soldatenfürsorge zugute und der Tuberkulosespende.

Der Neubeginn nach dem Zweiten Weltkrieg

«Der Sinn der Basler Strassenfastnacht liegt in der Verspottung und Verulkung erwähnenswerter Ereignisse ernster und heiterer Natur, vor allem solcher aus Basel. Man schreckt aber nicht davor zurück, den Stoff auch aus der Schweiz und selbst aus dem Ausland zu holen. Verulkungen religiöser oder staatsverletzender Art sind unstatthaft. Die Wahl beziehungsweise die Benennung der betreffenden Begebenheiten wird als ‹Sujet› bezeichnet.»

1940, Krieg, fasnachtslose Zeit – General Guisan besucht Basel. Auf dem Marktplatz haben sich Tausende von Schaulustigen eingefunden. Ob der eine oder andere Pfeifer oder Trommler, der vom Militärdienst beurlaubt worden war, um dem General die Ehre zu erweisen, dabei nicht mit Wehmut an die Zeit zurückgedacht hat, als es noch eine Fasnacht gab?

Diese allgemeinen Bemerkungen zur Basler Strassenfasnacht hat Comité-Mitglied Gotti Siebenmann an den Anfang seines Beitrags «Von Strassenumzügen an der Fastnacht» gesetzt, im 1939 vom Comité herausgegebenen Fasnachtsbuch. Die geneigte Leserschaft merkt, dass sich in den seither vergangenen Jahrzehnten manches verändert hat. Die

damalige Zurückhaltung in der Verspottung hat, wenn man in die Gegenwart blickt, zuweilen einer geradezu aggressiven Verunglimpfung von Personen, Staaten und Glaubensrichtungen Platz gemacht. Gegen Ende seines Textes kommt der Autor auch auf die Kostüme zu sprechen: «Was die Kostüme im allgemeinen anbelangt, so interessieren Ballkostüme, Journalkopien und dergleichen den Basler bei den Umzügen nicht. Individuelles Ausschaffen eines fastnächtlichen Gedankens ist und bleibt auch für das Kostüm die Losung. Früher konnte man zwar bei den Cliquen neben historischen auch allgemeine Fastnachtskleider wie Harlekins, Pierrots, Clowns usw. sehen. Heute sind sie bei den Cliquen verschwunden; die jetzigen Kostüme werden durchwegs auf das Sujet zugeschnitten, wobei durch stets neue Formen und Kombinationen witzige, bizarre und drastische Wirkungen erzielt werden, die – wie die Larven – in ihrer Originalität die Basler Fastnacht ganz besonders charakterisieren.»

Interessant ist Siebenmanns Bemerkung über das Verschwinden der traditionellen – er nennt sie «allgemeinen» – Kostüme, denn man begegnet ihnen noch heute, vor allem beim «Gässle», wenn auch zugegebenermassen weniger oft. Das Fantasiekostüm, wie es schon früh an den verschwundenen Maskenbällen beliebt war beziehungsweise in der Charivari-Verkleidung beliebt ist, belebt, insbesondere am Dienstag, wenn die Familien- und «Schyssdräggziigli» (Kleinformationen) und die Einzelmasken unterwegs sind, das heutige Erscheinungsbild der Strassenfasnacht.

Ein paar Daten aus der Chronik der Basler Fasnacht

1376	Zum ersten Mal wird die Basler Fasnacht urkundlich erwähnt («Böse Fastnacht»).
15. Jh.	Seit dem frühen 15. Jh. finden sich im «Rufbuch» die ersten obrigkeitlichen Trommel- und Pfeifer- sowie Maskierungsverbote.
1435	Herzog Wilhelm von Bayern verbietet das fasnächtliche Tanzvergnügen.
1529	Basel wird reformiert; die religiösen Eiferer versuchen von Anfang an, die Fasnacht als «heidnischen Brauch» zu verhindern.
seit 1540	finden der zünftische Brauch der militärischen Inspektionen mit anschliessendem Umziehen in der Stadt und die Fasnacht gleichzeitig statt.
1798	Auch während der Helvetik (1798–1803) wird – wie regelmässig seit dem Spätmittelalter – die Fasnacht von der Obrigkeit aus Angst vor Systemkritik verboten.
1808	erscheint die Bezeichnung «Morgenstreich» zum ersten Mal in einer amtlichen Bekanntmachung.
1830er-Jahre	Es entwickeln sich frühe Formen der Strassenfasnacht und deren nächtlicher Auftakt, der Morgenstreich.
1835	Der Morgenstreich (das Trommeln) wird erstmals mit dem vierten Glockenschlag bewilligt.
1840er-Jahre	In den Basler Zeitungen erscheinen Berichte und Kommentare über das fasnächtliche Geschehen.

ab 1845	Statt Fackeln werden am Morgenstreich Laternen als Beleuchtung eingeführt.
1858	wird die Quodlibet-Gesellschaft – der Namensgeber war Samuel Baur-Lippe – gegründet (Quodlibet, lat. = wie es beliebt; nach Lust und Laune, auch: das Durcheinander); der kulturelle Verein macht es sich zur Aufgabe, die Strassenfasnacht zu organisieren, indem die einzelnen Züge zu einem geschlossenen Umzug formiert sind. Als Pendant mit ähnlichen Zielen konstituiert sich zur gleichen Zeit im Kleinbasel das «Wurzengraber-Kämmerli».
1870er-80er-Jahre	Gründung von Quartier-Cliquen («Santihanslemer», «Steinlemer», «Kleinbasler» u.a.)
1884	Wird die erste, heute noch existierende Clique, die VKB (Vereinigte Kleinbasler), gegründet.
1905	Aus einem Unterausschuss des Quodlibet-Vorstands wird das erste Fasnachts-Comité gebildet. Als Reaktion darauf gründet das «Wurzengraber-Kämmerli» ein eigenes Fasnachts-Comité (2. Fasnachts-Comité).
1906	Das 1. und das 2. Fasnachts-Comité schliessen sich zusammen zum 3. Fasnachts-Comité. Erstes Monstre-Trommelkonzert (in der Kleinbasler Burgvogtei) und erste Laternen-Ausstellung (im Hof der Steinenschule).
1909	Prinz Karneval reitet zum letzten Mal im Umzug mit.
1910	Der Verkehrsverein beschliesst die Gründung eines neutralen Fasnachts-Comités.

1911	Erste Fasnachtsplakette. Gleichzeitig erscheint der erste gedruckte Fasnachtsführer.
1911	(nach anderer Quelle 1912) findet der Mittwoch-Morgenstreich zum letzten Mal statt.
1900 bis 1914	werden die meisten der noch heute bestehenden Cliquen gegründet.
1914 bis 1918	Während des Ersten Weltkriegs war die Fasnacht verboten.
1920	wird die erste Fasnacht nach dem Krieg offiziell zugelassen.
1922	Die Firma Métraux & Cie. stellt die ersten kaschierten Larven her, die die Stoff- und «Wachslarven» ersetzen.
1924	Auf der Fasnachtsplakette wird das Wort Fasnacht zum letzten Mal mit «st» geschrieben.
1925	schreibt der Staatliche Kunstkredit Basel-Stadt einen Wettbewerb für Fasnachtslarven aus. Die Firma Adolf Tschudin stellt Larven aus einer eigens entwickelten Masse her.
bis 1930er-Jahre	werden Fasnachtsmasken hauptsächlich in Thüringen (Erzgebirge) in saisonaler Heimarbeit hergestellt.
1939	nimmt erstmals eine katholische Gruppe am Umzug teil («Güete Bonjour-Clique») und die erste Frauenclique («Die Abverheyte») wird ins Leben gerufen.
1945	Das Fasnachts-Comité organisiert in der Kunsthalle eine Ausstellung als Ersatz für die wegen des Zweiten Weltkriegs zum 6. Mal abgesagte Fasnacht.

1946 Ende der fasnachtslosen Zeit.

1948 treten am Fasnachtsdienstag erstmals die «Guggemuusige» stärker in Erscheinung als früher.

ab 1949 erhält der seit 1911 gedruckte Fasnachtsführer den Namen «Rädäbäng».

seit 1976 finden als Konkurrenz zur Grossveranstaltung des Fasnachts-Comités, dem Monstre-Trommelkonzert, vorfasnächtliche Bühnenveranstaltungen statt.

bis 1980 war laut einer Polizeivorschrift jede Maskierung in der Öffentlichkeit verboten, ausgenommen während der Fasnacht sowie am darauffolgenden Samstag während der Kehrausbälle.

«Junteressli», Keramikfigur vom Basler Maler und Bildhauer Otto Roos (1887–1945).
Das «Junteressli» ist ein Pferdchen aus Papiermaché mit einem Turnierrock. Ein Vorträbler, dessen Aufgabe es ist, für die ihm folgende Clique Platz zu machen, trägt es um die Hüften. Da dieser Vorträbler seine eigenen Beine braucht, um vorwärts zu kommen, die Figur des Reiters, die er darstellt, aber auch Beine haben muss, werden deren Beine an der Aussenseite des Traggestells angehängt. Ein «Junteressli» verursacht einer Clique weniger Kosten als die Miete eines Pferdes. Leider sind beide, das lebendige Pferd wie sein Ersatz aus Karton, fast aus der Strassenfasnacht verschwunden. Das «Junteressli» erscheint übrigens 1933 zum ersten Mal auf einer Fasnachtsplakette; Carl Heitz hat es zum Sujet erkoren.

Der Reigen der traditionellen Figuren an der Basler Fasnacht

Die Auswahl der neun «klassischen Figuren an der Basler Fasnacht» war nicht ganz mühelos und ist letztlich subjektiv. Denn vieles, was zur Klärung des Schicksals der einzelnen Gestalten dienlich wäre, ist noch unbekannt. Eine unsichere Sache ist beispielsweise die Beantwortung der Frage, wann die Namen der ausgewählten Figuren zum ersten Mal in Berichten über unsere Fasnacht auftauchen. Dasselbe gilt für die Antwort auf die Frage – und diese hängt ursächlich mit der ersten zusammen – welches der Zeitpunkt ihres historischen Auftretens ist. Wir erwähnen einleitend einige eher zufällig entdeckte Stellen, an denen von unseren klassischen Figuren die Rede ist:

1783 wurde ein gewisser Gabriel Berger um einen Neutaler gebüsst, weil er zur Nachtzeit im Gesellschaftshaus «zum Hohen Dolder», als «Hanswurst» (Harlekin) verkleidet, seine Spässe trieb. Als er zur Rechenschaft gezogen wurde, erklärte er, nur eine weisse «Veste» (Weste) und eine Mütze aus Papier getragen zu haben. Die polizeilichen Ermittlungen ergaben aber, dass er sich in «wächsener Larve» und mit einer hohen Mütze, an welcher vorn eine Puppe befestigt war, auf dem Tanzboden herumgetrieben hatte.

Das Harlekin-Kostüm wird auch 1790 in den Akten erwähnt. Damals musste sich ein Bürger verantworten, der als «Arlaquin» in einem Nanking-Rock (gelbliches Gewebe für Kleider, genannt nach der chinesischen Stadt Nanking) und Kamisol (Wams, Weste), mit bordiertem Hut, grossem Haarseckel mit einem Spiegel daran, dem Spalemer Umzug gefolgt war.

Der Stadthistoriker Paul Koelner (1878–1960) vermutete, dass es sich in den beiden erwähnten Fällen eher um clownartige Vermummungen handelte. Der eigentliche Harlekin mit Gupfhut und nach hinten aufgeschlagener Krempe (später Zweispitz) sowie buntlappigem Wams scheint noch nicht heimisch gewesen zu sein.

1806, so wird in der Zeitung berichtet, seien die Fasnachtslustbarkeiten im Ganzen nicht so interessant gewesen wie im Vorjahr: «... mag es nun seyn, dass, weil man den Anblick der Masken immer mehr gewohnt wird, der Reiz der Neuheit dadurch verloren geht, oder dass die frohe Stimmung der Gemüther durch unangenehme Verhältnisse, die von Aussen drohten, einen empfindlichen Schlag erlitten. Indessen war die Zahl der öffentlich und auf Bällen erschienenen Maskirten noch zahlreicher als im vorigen Jahr, und man sah nur zu deutlich, dass die vor der Fasnacht von den Kanzeln herab ergangenen Warnungen keinen Eingang gefunden haben. Wenn ich sage, dass diese Fassnacht nicht so interesant als die vorige war, so verstehe ich darunter, dass wenige neue Ideen zum Vorschein kamen, denn es wimmelte alles von Mamelucken (türkischer Sklave am persischen beziehungsweise ägyptischen Hof), Türken, Rittern, Harlequins, Pierrots, Bauern und dergleichen, woran das Auge schon bis zum Überdruss gewohnt war.»

Dieses reizende «Buebeziigli» – ein jeder hat sich mit dem kostümiert, was ihm gerade in der abgelegten Garderobe der Eltern in die Hände fiel – hat Niklaus Stoecklin (1896–1982) in einer Farblithografie von 1964 festgehalten. Besonders stimmungsvoll wirkt das fasnächtliche Bild durch die Fassade des Gasthofs «zum goldenen Sternen», die in den 1950er-Jahren in der Aeschenvorstadt abgebrochen wurde und heute im St. Alban-Tal zu sehen ist.

Dieser Bericht informiert darüber, welche Figuren – bei den Kostümen und insbesondere bei den Larven handelte es sich um im Ausland hergestellte Massenware – zu Beginn des 19. Jahrhunderts an der Basler Fasnacht anzutreffen waren.

1869 bieten die Kostümverleiher, unter ihnen zwei aus dem Badischen, per Zeitungsinserat «ganz neue, elegant ausgestattete Herren- und Damencostüme nach den neusten Mustern von Paris» an.

Der Kinderfasnacht gegenüber – wir erwähnten es im Zusammenhang mit den unaufhörlich erlassenen obrigkeitlichen Fasnachtsverboten – war die Regierung stets zurückhaltender. Belegstellen dafür finden wir bereits im 18. Jahrhundert. Um 1840 herum kam die Idee auf, die Kinderfasnacht solle eine Vorbereitung sein für sittsame Jugendfeste. So sah Basel 1841 einen über 800 Teilnehmer zählenden «Kinderfasnachtszug», veranstaltet zur «Einleitung von anständigen allgemeinen Jugendfesten»! Die Berichterstattung schrieb von einem «noch nie gesehenen Faschings-Divertissement»: «Dem Zug voran ritt Prinz Karneval mit zwei Begleitern und Fahnenträgern, umgaukelt von einer Bande lustiger Pierrots und Bajazzos. [...] Dieser heiteren Gesellschaft schloss sich ein Tambourenkorps Erwachsener als Altfranken an ...»

Eine Zweitausgabe des «humoristischen jugendlichen Faschings-Zuges» fand zwei Jahre später, 1843, statt. Sie stand unter dem Motto, das auf zwei Fahnen flatterte:

Närrisch ist,
Was lebt und webt auf Erden.
Und was nicht närrisch ist,
Das muss noch närrisch werden.

Aufrichtig zeigest du und wohlerfahren
Den Weg heut' uns'rer lieben Jugend.
O! möchte stets vor jeglichen Gefahren
Ein guter Geist beschützen ihre Tugend.

Neben den Pierrots, Bajazzi und Altfranken liefen auch Harlekins und Dumme Peter im Zug mit.

Welchen Wandel die Kinderkostümierung an der Basler Fasnacht um die Mitte des 19. Jahrhunderts erlebte, ist einem 1911 niedergeschriebenen Erinnerungsbericht zu entnehmen: Die Buben trugen Mädchenröcke, Vornehme zogen als Beduinen verkleidet herum, wobei die Kostüme sehr einfach waren. Über den Sonntagskleidern trug man ein frisches weisses Hemd und auf dem Kopf ein weisses Taschentuch, das von einem Holzreif gehalten wurde. Mit «Bärendreckwasser» bräunten sich die Beduinen das Gesicht. Nur an den Kinderbällen hatten die schöneren Kostüme, der Altfrank mit Degen, die gepuderte Marquise mit Schönheitspflästerchen, ihren Auftritt. Beliebt waren auch der «Buurejoggi» und das «Buuremaitli» in seidenen Kleidern. Entsprechende Kostüme werden in unserem Historischen Museum aufbewahrt.

Und nun noch ein Blick in die Fasnachtsnummer der «Basler Nachrichten» von 1930, wo ein Artikel mit der Überschrift «Grundsätzliches über das Basler Fasnachts-Kostüm» erschienen war. Darin wurde erklärt, dass sich nun die wesentlichen Elemente des typisch baslerischen Kostüms herausgebildet hätten: «Für entlehnte Kostüme, Modejournalfaschingskleider und alles, was nach Konfektion riecht, hat der rechte Basler kein Verständnis. Er [oder sie] verachtet die redoutenmässigen Kostüme, die zum grössten Teil aus blossem Menschenfleisch bestehen, blickt mit Verachtung herab auf alles, was ‹prachtvoll› aussieht, was blosse Tracht oder historisches Kostüm ist. Was liebt er denn? Er liebt es vor allem nicht, seine körperlichen Reize zur Schau zu stellen, und ist gewöhnlich zugeknöpft bis über die Ohren, und wenn er auch dabei vor Hitze fast vergehen muss. Ein Basler Maskenkostüm ist in der Regel eine Travestie irgendeiner Tracht, einer Uniform oder sonst eines Kleides; eine lustige Variation über ein oft banales Thema.» Weiter konnte man erfahren, an einem Kostüm müsse alles «solid, reinlich und gediegen» sein. «Ein Fastnachtszug mit lumpigem Kostüm ist heute fast nicht mehr denkbar.»

Wie aber stand es mit den Larven? – 1897 erschien in der Basler «National-Zeitung» eine Reportage über einen «Maskenmaler». Die dem Text beigegebene Bildillustration zeigte vermutlich den Blick in eine thüringische Werkstatt, wo der Maskenmaler und seine Tochter eben dabei waren, den Larven aus der Fabrik «durch die Bemalung das drollige Aussehen» zu geben, das im Ballsaal so viel Heiterkeit errege. Wahrscheinlich war der Beitrag auch in anderen Zeitungen erschienen, denn den Holzstich hatte man in einer Berliner xylografischen Anstalt hergestellt. Der «Ort der Handlung» dürfte deswegen Thüringen gewesen sein, weil dort in saisonaler Heimarbeit üblicherweise auch Spielzeug und Christbaumschmuck für den Export gefertigt und bemalt wurde. Mitte der 20er-Jahre änderte sich das Erscheinungsbild der Fasnachtsfiguren, auch was die Larven betraf. Man hatte keine Freude mehr an der auswärts beziehungsweise im Ausland hergestellten Massenware, den stereotyp gestalteten Stoff- und Wachslarven. Anlass für die Veränderung war, nebenbei bemerkt, der Staatliche Kunstkredit, der im Sommer 1925 mit der Ausschreibung eines Wettbewerbs der künstlerisch gestalteten Larve den Weg gebahnt hatte. Die Firma Métraux-Bucherer + Co an der Freien Strasse beispielsweise bezog viele Larven, die sie im Sortiment führte, beim Maskenbetrieb Müller in Speicher AR. Die Waggis-Larven kamen aus Italien. Die Firma J. Louis Kaiser liess Fasnachtsartikel aller Art aus Paris kommen – wir haben zur näheren Information zwei entsprechende Katalogseiten der Firma an anderer Stelle abgebildet – und schliesslich stammten zahlreiche industriell hergestellte Larven aus Deutschland.

Bald nachdem die Basler Künstlerlarve ins Leben gerufen war, hatten die hiesigen «Larvenbauer» in kurzer Zeit auch für die traditionellen Einzelmasken, etwa für den Stänzler, den Pierrot, die Alte Tante, den Waggis, den Dummpeter neue Typen kreiert, obwohl, wie in einem Zeitungsbericht von 1913 beklagt wurde, die Einzelmasken fast nicht mehr anzutreffen gewesen seien.

Die Vorstellung der neun Figuren – den Fingerzeig, dass diese «Identifikationsfiguren» für die Basler Fasnacht sind, mag man etwa daran erkennen, dass sie für deren bildliche Darstellung regelmässig auf unseren Fasnachtsplaketten erscheinen – ist grundsätzlich so konzipiert:

Den Auftakt macht jeweils die Farbreproduktion eines Gemäldes des Basler Künstlers und Larvenmalers Roman Peter, welches das heute gängige Erscheinungsbild einer Figur zeigt; es folgt die Farbabbildung einer von Elsi Meier sorgfältig modellierten und bemalten Keramikfigur. Die Figuren «Stänzler» und «Altfrank» wurden für die Dokumentation von der «Gschänggli Butygg zem Baselstab» freundlicherweise zur Verfügung gestellt. Dem Einführungstext sind jeweils eine oder mehrere Abbildungen von Fasnachtsplaketten beigegeben, wobei das erste Auftauchen der Figur in der seit 1911 begonnenen Reihe dokumentiert wird und gelegentlich auch deren spätere grafische Umsetzungen. Der Erlös aus dem Verkauf der Fasnachtsplaketten kommt übrigens den aktiven Fasnächtlerinnen und Fasnächtlern in Form von Subventionen zugute. Die während der Wochen vor der Fasnacht und während der «drei schönsten Tage» im Basler Jahr in drei Ausführungen (Kupfer, Silber, Gold) zum Verkauf gelangende Plakette wird üblicherweise von einem Grafiker oder Künstler entworfen und vom Fasnachts-Comité im Wettbewerbsverfahren zur Ausführung bestimmt. Seit der Zeit nach dem Zweiten Weltkrieg wurden die Basler Fasnachtsplaketten, insbesondere die frühen, zum begehrten Sammelobjekt.

Wie eine unserer klassischen Figuren in der Vergangenheit von berühmten Malern festgehalten wurde, wird nach dem Einführungstext gezeigt. Jetzt schliesst sich eine Bilderreihe an, die Beispiele bringt, wie und wann eine Figur von lokalen Künstlern festgehalten wurde beziehungsweise in der Presse erschien. Auch die fotografische Dokumentation am Ende einer Bilderreihe dient dem Überprüfen von möglichen Veränderungen der Figur durch die Jahrzehnte.

Dass nicht zu jeder klassischen Figur eine gleich umfangreiche Bilddokumentation beizubringen war, ist verständlich, wenn man bedenkt, dass erstens nicht jede gleich populär war und zweitens, dass der Wunsch nach regelmässiger Bilddokumentation erst jüngeren Datums ist.

Der Überblick über unsere traditionellen Figuren bringt deren unterschiedliche Herkunft und Veränderung zwischen gestern und heute an den Tag. So lassen sich etwa bei den beiden aus der Commedia dell'Arte stammenden, dem Harlekin und dem Pierrot – er ist ursprünglich der Bajazzo, der vermutlich über Paris zu uns gekommen ist, wo der venezianische Dramen- und Komödiendichter Carlo Goldoni (1707–1793) um die Mitte des 18. Jahrhunderts Leiter des italienischen Theaters war – weniger Unterschiede feststellen als beim Waggis, der sich seit seinem Auftauchen im 19. Jahrhundert stark verändert hat. Kaum verändert hat sich das Kostüm des Altfrank, das kein eigentliches Kostüm ist, sondern eine Militäruniform. Dies ist zwar auch das Stänzler-Kostüm, das aber wohl deshalb geradezu ins Groteske abgewandelt wurde (vgl. beispielsweise sein Aussehen auf Fasnachtsplaketten), weil die Stänzler als disziplinlose, versoffene Truppe von der Bevölkerung erlebt wurde und deren Spott herausforderte. Von den beiden aus dem Rokoko (Spätbarock) beziehungsweise aus der Biedermeier-Zeit stammenden Kostümen, dem Dummpeter und der Alten Tante, hat insbesondere das der Alten Tante schon bald Varianten erlebt.

Das heute reiche Angebot an Fasnachtsstoffen und mangelnde Kenntnisse über die ursprüngliche Gestalt der klassischen Kostüme haben dazu geführt, dass einem diese in einer paradiesvogelähnlichen Farbigkeit und zuweilen auch als Komposition aus figurfremden Kostümteilen auf der Gasse begegnen. Das gilt auch für den Ueli, das aus dem Spätmittelalter stammende Narrenkostüm, und den Blätzlibajass, der vermutlich ebenfalls im 19. Jahrhundert aus Deutschland in unser Gebiet gekommen ist.

Wir haben zuvor erwähnt, dass dieses Schaubuch dazu dienen könnte, all jenen, die mit Fasnachtskostümen zu tun haben, zu zeigen, wie – wenigstens die neun hier vorgestellten Strassenkostüme – ursprünglich ausgesehen haben. Es würde uns freuen, wenn dem so wäre, weil dann eine traditionelle Facette unserer Fasnacht nicht verschwinden würde!

Der Ueli

Das optische Wahrzeichen am Ueli-Kostüm – der Ueli ist der Nachkomme des deutschen Hofnarrs (Eulenspiegel) aus dem späten Mittelalter – sind die seitlich am Kopf abstehenden Stoffhörner seiner Narrenkappe mit Kamm. Das akustische Erkennungszeichen am Ueli-Kostüm ist der durch den Schritt seines Trägers rhythmisierte Klang der vielen kleinen Schellen, jener aus Messing getriebenen, oben und unten zuweilen etwas abgeplatteten Kugeln mit Schlitz, in denen ein frei rollendes Metallkügelchen den Glöckchenton erzeugt. Solche Schellen sind an sämtlichen Säumen – sie sind allesamt gezackt – angenäht: an dem von der Kappe übergehenden capeartigen Kragen, am meist frei hängenden Oberteil und an der knielangen Hose. Die drei Teile des Kostüms sind farblich gegeneinander versetzt, übrigens auch die Kniestrümpfe. Der Ueli hat eine ausgeprägte Hakennase, grosse freundliche Augen und einen bald maliziös lächelnden, bald breit lachenden Mund. – Wie bei allen Künstlerlarven sind, nicht zuletzt wegen der Fernwirkung, die charakteristischen Gesichtszüge mit wenigen markanten Pinselstrichen angedeutet. Dies gilt besonders für die Augenpartie, denn sie verleiht der Larve Leben.

Dem Ueli-Kostüm begegnet man in Basel auch vor der Fasnacht, nämlich am Festtag der drei Kleinbasler Ehrengesellschaften, dem «Vogel Gryff». Der Name Ueli taucht übrigens bereits am Ende des 15. Jahrhunderts in Sebastian Brants «Narrenschiff» auf, wo ein fingierter Narr mit dem Namen «Uly von Stouffen» genannt ist. Zum ersten Mal im Zusammenhang mit dem Vogel Gryff ist 1879 von einem Ueli in der uns heute bekannten Aufmachung und Funktion die Rede: im gestreiften Narrengewand mit Schellenkappe, Narrenpritsche und Kollektierbüchse. Meister und Vorgesetzte überbanden ihm die Aufgabe, milde Gaben zu Gunsten notleidender Kleinbasler Mitbürger zu sammeln.

Die Farben der vier Ueli entsprechen den Farben der Gesellschaftsfahnen der 3 E (weiss-rot, weiss-blau, weiss-grün) und des Stadtwappens (weiss-schwarz). Bis 1895 war es ein einziger Ueli «mit weiss-schwarzen Hörnern, welcher mit der Spendenbüchse in der Hand der pittoresken Gruppe voranging und männiglich einlud, sein Scherflein zur Spende für arme Wittwen und Waisen von Kleinbasler Gesellschaftsbrüdern beizutragen». 1896 wurde ein zusätzlicher Ueli eingekleidet, 1904 ein Ueli-Kostüm in Weiss-Rot bestellt und 1906 ein solches in den Farben des Rebhauses. Mit vier Ueli rückten die Ehrengesellschaften erst 1937 aus.

Die erste Fasnachtsplakette – die Fasnachtsplaketten nannte man bis Mitte der zwanziger Jahre «Abzeichen» – 1911 zeigt den Kopf eines Narren, dessen Kappe nicht nur zwei in Schellen endende Hörner besitzt, sondern eine Vielzahl davon, die einen an das Schlangenhaupt der Gorgo Medusa aus der griechischen Mythologie oder an einen Oktopus (vgl. die «Saugnäpfe») erinnern. Es ist eine Medaille mit «Bändel»; Wilhelm Dollinger, der bis 1924 die Fasnachtsplaketten geprägt hat, gilt als ihr Schöpfer. Im selben Jahr 1911 kam als Abzeichen aus dünnem Kupferblech mit Nadel (d Noodle), ebenfalls von Wilhelm Dollinger gestaltet, ein zweites Mal das Ueli-Motiv zur Darstellung. Sowohl die Nadel als auch die Plakette kosteten 50 Rappen. Die Hälfte des Ertrags kam dem Comité zugute; mit dem Rest wurde armen Kindern ein Ferienaufenthalt ermöglicht. Übrigens: Das Wort Fastnacht wurde seit der Plakette von 1925 Fasnacht geschrieben.

1

Der.LXIIII.nar Folio

Vil abergloub man yetz erdicht
Was künfftig man an den sternen sicht
Eyn yeder narr sich dar vff richt

Von achtung des gestirn

Der ist eyn narr der me verheyßt
Dann er jn sym vermögen weißt
Oder dann er zů tůn hat můt
Verheissen ist den arzet gůt

4

2

3

1 *Eine Ueli-Larve mit drei Schellen ist in den Umriss der Plakette von 1912 eingeschrieben; neben Franz Baur wird auch Wilhelm Dollinger als Entwerfer des «Ueli im Drey-Egg» genannt.*

2 *Einen Ueli, der auf dem Baselstab reitet, als wäre dieser ein «Stäggeressli», zeigt die Plakette von 1914; Rudolf Dürrwang (1883–1936) hat das Motiv erfunden; sein Monogramm steht auf der linken Seite über der Kartusche; am rechten Plakettenrand ist zu lesen: Dollinger, Riehen.*

3 *«Der Ueli mid em Woopeschild» ist für die Fasnacht 1920 von Carl Roschet (1868–1925) kreiert worden; sein Monogramm ist unter dem rechten Horn der Narrenkappe des Ueli zu sehen, das Monogramm von Wilhelm Dollinger und die Angabe Riehen sind unten links im Wappenschild eingegraben.*

4 *Seite mit einem Illustrationsholzschnitt von Albrecht Dürer (1471–1528) aus Sebastian Brants Buch «Das Narrenschiff» aus dem Jahr 1494. Es geht um den 64. Narr «Von achtung des gestirn».*

Burkhard Mangold (1873–1950) gehörte zu den begabtesten und vielseitigsten Grafikern seiner Zeit, in Basel und weit über die Grenzen der Stadt hinaus. Von Kennern gesucht ist heute noch seine illustrative Druckgrafik, beispielsweise der Bogen mit der Darstellung des «Vogel Gryff» in sechs Holzschnitt-Bildern. Auf Nummer 4 ist einer der Ueli zu sehen, die den Vogel Gryff und die beiden anderen Ehrenzeichen begleiten, wobei sie mit ihren Sammelbüchsen fleissig Geld erbitten zu Gunsten notleidender Kleinbasler.

Der Basler Künstler Karl Moor (1904–1991) hat ein Fasnachtszüglein von drei Personen, einem «Vorträbler» und zwei pfeifenden Ueli, skizzenhaft in blaugrünen Tönen festgehalten.

Wir bilden hier die linke Hälfte einer sorgfältig ausgeführten Vogel Gryff-Zeichnung von der Hand des Muttenzer Historienmalers Karl Jauslin (1842–1904) ab, nicht wegen der Vision, dass die 3 Zeichen der Kleinbasler Ehrengesellschaften gemeinsam auf dem Floss des «Wild Maa» auf dem Rhein talwärts fahren, sondern weil sie die Darstellung eines Ueli mit seiner Sammelbüchse festhält.

Die dreiteilige Fotodokumentation von der Strassenfasnacht zeigt, dass heute der Ueli farblich bescheiden in den traditionellen Standesfarben beziehungsweise im fantastisch-bunten Kostüm anzutreffen ist. Verständlicherweise sind die charakteristischen Merkmale, sowohl am Kleid wie an der Larve, unverändert geblieben, nämlich die zwei Hörner mit den Schellen und dem Kamm auf der Kappe – so wie man seit alters den deutschen Narren kennt – und das schlanke Larvengesicht mit der Hakennase.

Stillleben im Larvenatelier – eine nach dem Modell aus dem 19. Jahrhundert in den 1990er-Jahren bemalte Ueli-Larve. Wie die Larve unbemalt aussieht, zeigt unsere Abbildung im Kapitel «Die Geburt der Basler Künstlerlarve».

Der Harlekin

Wenn wir die Darstellungen des Harlekin-Kostüms im 18. Jahrhundert mit seinem heutigen Erscheinungsbild vergleichen, dann fallen uns Gemeinsamkeiten auf, etwa das heute in allen Farben genähte Rautenmuster, der Zweispitz, wie er uns von Bildnissen Napoleons bekannt ist, sowie die grosse Rüsche, die zuweilen durch eine Halskrause ersetzt ist. Neben der weissen Strumpfhose trifft man auch die knielange Pluderhose an. Wo Pompons verwendet werden, handelt es sich um eine Anlehnung an das Pierrot-Kostüm. Der Gesichtsausdruck des Harlekin besitzt einen Anflug von Melancholie.

Das Kleid des Harlekin, dessen Name aus der bereits Anfang des 12. Jahrhunderts nachgewiesenen Teufelsbezeichnung «Hellequin» oder «Herlequin» für den Anführer des «wilden Heeres» (germanische Totengeister) belegt ist, hat in den verschiedenen Jahrhunderten Veränderungen erlebt: In Dantes Inferno quält ein Höllenteufel namens Alichino die armen Seelen der Verdammten mit einer spitzen Heugabel. Aus dieser Abstammung erklärt sich das ursprünglich zerlumpte, aus Flicken genähte Kostüm, das schliesslich, aus verschiedenfarbigen geometrischen Stoffdreiecken und -rauten zusammengesetzt, zum Kostüm des Arlecchino wurde.

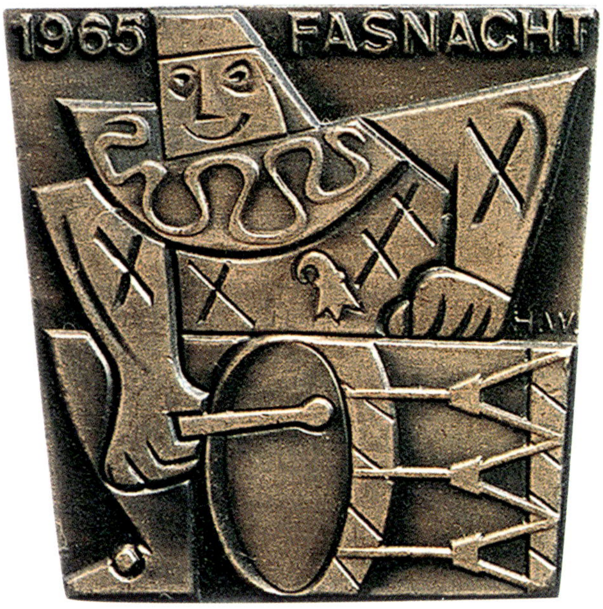

Für seinen Plakettenentwurf zur Fasnacht 1965 hatte sich der Basler Künstler und Lehrer an der Allgemeinen Gewerbeschule Hans Weidmann (1918–1997) der Figur des Harlekin angenommen. Es war seit 1911 das erste Mal, dass ein Harlekin als Motiv erschien. «Voici Bâle» hiess das Sujet.

Seiner sozialen Herkunft nach ist er einer jener Bauern aus Bergamo, die während des 16. Jahrhunderts zu Tausenden in die Städte und von dort in fremde, niedrige Dienste gehen mussten (Lastenträger); daher die geschwärzte Gesichtsfarbe beziehungsweise die schwarze Gesichtsmaske.

Der Arlecchino gehört zu den frühesten Diener-Figuren (Zanni-Figuren) der norditalienischen Commedia dell'Arte. Zum ersten Mal wurde der Harlekin zu Beginn des 17. Jahrhunderts durch italienische Wandertruppen – hauptsächlich in Paris – auf die Bretter der Theaterbühne gestellt. Hier auch entwickelte er sich, dem französischen Geschmack angepasst, zum oft hilflosen Spassvogel, der wegen seiner Ungeschicklichkeit regelmässig Prügel bezog.

Die Figur des Harlekin hat auch auf das deutsche und österreichische Theater gewirkt (Hanswurst). Die weite Verbreitung der Harlekin-Figur erklärt sich demnach durch ihre Aufnahme in mehreren Ländern.

Oben: Ausschnitt aus dem halbseitigen Inserat, welches das Modehaus und Stoffgeschäft «au Printemps Paris» (Filiale Basel Freie Strasse 38) am Freitag, 22. Februar 1924, in der Sondernummer «Kostüme und Masken» der «National-Zeitung» hat erscheinen lassen. Unter der Überschrift Carneval waren in tänzerischer Pose ein Arlequin und eine Arlequine im charakteristischen Rautenkostüm mit Zweispitz und Halblarve als Blickfang zu sehen.

Links: Die Porzellanfigur nach einem Modell von Franz Anton Bustelli (1723[?]–1763), der um 1760 für die Nymphenburger Manufaktur tätig war, zeigt den Harlekin in tänzerischer Pose mit einem eng anliegenden Rautenmuster-Kostüm in drei Farben auf weissem Grund. Unter einem Gupfhut mit nach hinten aufgeschlagener Krempe trägt er eine schwarze Halblarve. Das Auffällige an ihm ist das Äffchen, das er wie ein Wickelkind herzt und mit beiden Armen umfassend an den Oberkörper drückt. Welche Bedeutung der kleine Affe hat, ist für uns heute ungewiss, denn in der christlichen Religion kann er Sinnbild sein für den gefesselten Satan, den Geizkragen und für unkeuschen Lebenswandel.

1

2

3

1 *Zwei berühmt gewordene Gemälde, in denen Pablo Picasso (1881–1973) intensiv auf die Figur des Harlekin eingegangen ist, befinden sich in Schweizer Museen, das ältere von 1918 im Kunsthaus Zürich, das jüngere aus dem Jahre 1923 im Basler Kunstmuseum. Der Künstler hat sich bekanntlich während seiner Rosa-Periode in den «Saltimbanques» immer wieder mit Figuren aus der Commedia dell'Arte befasst, insbesondere mit dem Harlekin. Den «Arlequin au loup» (Harlekin mit Halbmaske), den wir hier reproduzieren, hat Picasso nach seinem Rom-Aufenthalt bei der Truppe der «Ballets Russes» im Frühjahr 1918 im Atelier in Montrouge gemalt. Mit beinahe theatralischer Grazie weist der in frontaler Ansicht dem Betrachter gegenübergestellte junge Mann im Harlekin-Kostüm seine Maske vor.*

2 *Von besonderem Reiz ist das ganzfigurige Kinderbildnis «Paulo als Harlekin», das Pablo Picasso 1924 gemalt hat. Nur in einzelnen Teilen ganz ausgeführt, zeigt er seinen Sohn mit demselben verträumten Blick, wie ihn die Figuren zur Zeit der*

4

5

«Saltimbanques»-Bilder auszeichnet. Das Gemälde befindet sich im Musée Picasso in Paris.

3 *Das Gemälde «Harlekin mit Gitarre» hat André Derain (1880–1954) im Jahre 1924 gemalt. Der Hut hat sich im Vergleich zum Harlekin von Bustelli in einen Zweispitz verwandelt. An Derains Harlekin ist nun auch die flache Rüsche um den Hals deutlich zu sehen; die traditionelle schwarze Halblarve, hinter der das Gesicht zum Teil versteckt ist, fehlt wohl deshalb, weil es sich hier um ein Porträt handelt.*

4 *Die Pfeifergruppe im traditionellen Harlekin-Kostüm zog an der Fasnacht 2001 durch die Gassen. Um die Schultern liess sich die Gruppe ein Cape schneidern.*

5 *Die Harlekin-Larve aus den 80er-Jahren wurde im Atelier Charivari kaschiert und bemalt und mit dem dazu gehörenden Zweispitz versehen.*

6 *Unter den Basler Künstlern hat sich Max Löw (1910–1994) im Hinterglasbild viele Jahre lang mit dem Motiv des Harlekin beschäftigt, allerdings in einer zumeist lieblichen Darstellung.*

6

Der Blätzlibajass

Das Besondere am Blätzlibajass ist, wie der Name sagt, dass dieses Kostüm aus bis zu 2000 von zungenförmigen, früher aus Filz geschnittenen, später gestanzten «Blätzli» zusammengesetzt ist, die, angeordnet wie die Ziegel eines Daches, auf einen Overall genäht werden. Ursprünglich waren es ja kleine Stofffetzen, die die Kostümnäherin übrig hatte, es war ein «Flickenkostüm». Besonders ist am Blätzlibajass aber auch der auf einer dichten Bastperücke aufsitzende, ebenfalls mit «Blätzli» belegte Spitzhut. Das Larvengesicht besitzt üblicherweise einen fröhlich-schelmischen Ausdruck und eine spitze Nase, die keine ausgeprägte Nasenwurzel aufweist. Der Hals wird von einer breiten Rüsche oder Halskrause verdeckt. Hin und wieder ist das Kostüm auch in Jacke und Hose geteilt.

Woher der Blätzlibajass an die Basler Fasnacht gekommen ist, kann nicht mit Bestimmtheit gesagt werden. Seine Heimat scheint aber das rechtsrheinische Laufenburg beziehungsweise das aargauische Brugg zu sein. Die Volkskundlerin Edith Schweizer-Völker weiss nämlich in ihrem Buch «Butzimummel, Narro, Chluri», in dem sie dem Brauchtum in der Regio nachgeht, über die Laufenburger Fasnacht Folgendes zu berichten:

Einen Blätzlibajass mit geschulterter Trommel, der sich sputen muss, weil ihm offenbar erst spät ein Licht aufgegangen ist, dass man mit dem «Vierischlag» nicht auf ihn wartet, hat der Grafiker Fritz Grogg (1905–1968) als Sujet für die Plakette 1961 ausgedacht. Er war der erste, der dieser beliebten Fasnachtsfigur einen Solo-Auftritt auf einer Plakette ermöglicht hat.

«Die Laufenburger sind seit jeher begeisterte Fasnächtler, wurde ihnen doch schon im Jahr 1611 vom Rat ein Verbot auferlegt, das ‹alles haffenklopffen und ungebeurliche mummereyen genzlich abgeschafft› haben wollte. [...] Die Narro-Alt-Fischerzunft beruft sich gar auf das Jahr 1386, als der gänzlich verschuldete Habsburger Graf Hans IV. die Stadt Laufenburg an seinen Vetter Herzog Leopold III. verkaufte. Der Kinderspruch am Narrolaufen tausendfach gerufen: ‹Es hocke drei Narre uf s Hanselis Charre, wie lache die Narre, Narri! Narro!› soll darauf zurückgehen. Die Laufenburger hatten damals ihrem neuen Herrscher eine Delegation mit Vertretern der Fischerzunft nach Brugg gesandt und überbrachten ihm einige mächtige Salmen als Huldigung. Zum Dank soll er ihnen ‹ein sonderbarlich Kleid aus lauter kleinen farbigen Lappen zusammengesetzt› zugestellt haben, das sie fortan an Umzügen und in der Fasnachtszeit tragen durften.» Ob sich daher die Interpretation erklärt, der Blätzlibajass sei ein Schuppenkleid? Natürlich ist das Kleid des Blätzlibajass längst vornehm geworden, indem die Lappen formal normiert und farblich aufeinander abgestimmt sind. Der Bestandteil «Bajass» im Namen «Blätzlibajass» hat unseres Erachtens nichts mit dem Bajazzo der Commedia dell'Arte zu tun, sondern hat die landläufige Bedeutung: Spassvogel.

Eine Möglichkeit für das intensivere Auftreten des Blätzlibajass an der Basler Fasnacht wäre nach 1936 gegeben gewesen, als man im benachbarten Lörrach, das keinen eigentlichen fasnachtshistorischen Hintergrund besass, versuchte, eine eigenständige Fasnacht auf die Beine zu stellen. In jenem Jahr nämlich wurde ein Elferrat gegründet, der deren Organisation an die Hand nehmen musste. Gleichzeitig wurde das Kostüm des «Zundel» (alemannisch «Häs») geschaffen. Seinen Namen erhielt es von den beiden Schelmen «Zundelheiner» und «Zundelfrieder», die der alemannische Dichter Johann Peter Hebel mehrfach in seinen «Kalendergeschichten» auftreten lässt. Im Gegensatz zum Basler Blätzlibajass mit seinen zungenförmigen Blätzli sind beim Lörracher Zundel (Farben: Grün, Rot und Gelb) und beim Laufenburger Narro (Farben: Schwarz, Rot und Gelb beziehungsweise Blau, Rot, Gelb beziehungsweise Weiss, Rot und Schwarz) die Plätzchen rautenförmig.

Im Zusammenhang mit der Neubelebung der Lörracher Fasnacht wurden die umliegenden Gemeinden aufgefordert, ebenfalls eigene «Traditionsgestalten» für die Fasnacht zu entwickeln. 37 Orte folgten dem Aufruf und beteiligten sich 1937 an der ersten Markgräfler Fasnacht; 1938 fand der erste Oberrheinische Narrentag in Lörrach statt; der Verband Oberrheinischer Narrenzünfte war bereits 1936 gegründet worden. In den «Brauchtums-Richtlinien» dieses Verbandes heisst es unter anderem: «Der zünftige Narr trägt ein Häs. Dieses bedeckt in der Regel auch Gesicht und Hände, Haut und Haar (Maske, Handschuhe).» Und: «Die die Häs begleitenden Gestalten wie Narrenrat, Narreneltern, Narrenpolizei, Fahnenträger und Narrenmusik sollen in ihrer Bekleidung dem oder den Häs angepasst und bodenständig sein. Smokingjacken, Karnevalsmützen, Prinzenpaare und Garden zählen nicht dazu.»

Die oben erwähnte Möglichkeit für ein häufigeres Auftreten des Blätzlibajass an der Basler Fasnacht ist offenbar nicht genutzt worden, denn im «ABC dur d'Basler Fasnacht» von 1945 heisst es unter dem Stichwort Blätzlibajass: Typisches, leider aus der Mode gekommenes Basler Fasnachtskostüm, zusammengesetzt aus vielen verschiedenfarbigen Stofffetzen oder «Blätzli». Heute ist der Blätzlibajass bei Jung und Alt ein beliebtes Kostüm.

Einen Piccolo spielenden Blätzlibajass hat Peter Guldimann in seine Plakette (1969) komponiert und 1976 war es Peter Affolter, der ein trommelndes und pfeifendes Blätzlibajass-Duo zum Sujet gemacht hat.

Im Jahr 1936 fasste ein Elferrat die Aufgabe, die Organisation der wieder ins Leben gerufenen Lörracher Fasnacht durchzuführen. Die Figur des damals geschaffenen «Zundel» skizzierte einer der bedeutendsten Markgräfler Maler, Adolf Glattacker (1878–1971), der auch das bekannte Hebel-Porträt geschaffen hat, in der Chronik der Narrenzunft Lörrach. Wie man an der Abbildung dieser Skizze sieht, gehörte zur Kopfbedeckung eine Narrenkappe wie beim Ueli-Kostüm mit zwei bis zur Taille herabreichenden, in einer Quaste endenden Stoffhörnern. Auffällig ist auch, dass der Zundel Hörner trug und um die Taille einen Schellengürtel. Die Schnecke, die er in der linken Hand hält – in der rechten hat er eine Peitsche, an deren Spitze eine luftgefüllte Schweinsblase baumelt – stellt das Fasnachtssymbol der Lörracher dar.

Auf der Laterne der «Alti Richtig» von 1938, die Alfred Seiler (1904–1974) gemalt hatte, ist von den drei traditionellen Fasnachtsfiguren, welche auf der Frontseite das Sujet optisch darstellen, eine auch ein Blätzlibajass. Auf dieser Detailaufnahme – die ganze Figur ist auf der Umschlagvorderseite abgebildet – sieht man deutlicher, dass der Grafiker dem Blätzlibajass ein Rautenmuster verpasst hat, das eigentlich charakteristisch ist für den Harlekin. Der Laternenmaler hat sich offenbar vom «Blätzlibajass» inspirieren lassen, wie er beispielsweise im rechtsrheinischen Laufenburg oder in Lörrach getragen wird. Dass indessen ein Blätzlibajass gemeint ist, zeigen der spitz zulaufende, mit Blätzli belegte Hut und die charakteristische Nasenform der Larve.

Die Fotodokumentation aus der jüngsten Vergangenheit macht die Vielfalt der Farben deutlich, die vielfach aufeinander abgestimmt sind. Traditionellerweise werden die zungenförmigen Blätzli aus Filz gestanzt.

Der Pierrot

Ursprünglich war – farbige Darstellungen belegen es – das Kostüm des Pierrot aus weissem Stoff geschneidert. Es bestand aus einem weit geschnittenen hemdartigen, bis zu den Knien reichenden Oberteil mit viel zu langen Ärmeln; den Halsausschnitt verdeckte eine grosse Rüsche; entlang der Knopfleiste waren Pompons angenäht; die ebenfalls zu weiten Hosen waren dreiviertellang; auf dem Kopf sass ein zuckerstockförmiger Hut aus weichem Material (vermutlich Filz) mit aufwärts gebogener Krempe.
Heute wird das bequeme Kostüm aus farbigem Stoff geschneidert; farbig, und zwar andersfarbig als der Stoff, sind die Pompons. Auf der dichten Bastperücke sitzt entweder ein Zuckerstockhut aus Filz oder ein randloses Filzkäpplein mit Pfauenfeder. Die ehemals weiche Rüsche ist fast immer durch eine steife Halskrause ersetzt. Das Larvengesicht des Pierrot schliesslich, einst eine weisse Halbmaske – der Überlieferung gemäss hatte der Pierrot auch einfach ein mit Mehl bestrichenes Gesicht – ist ebenmässig geformt und besitzt einen melancholischen Ausdruck.

Eigentlich müsste der Pierrot «Pagliaccio» (Bajazzo) heissen, denn er ist eine Diener-Figur aus der norditalienischen Commedia dell'Arte. Dort hat er im Laufe der Zeit ganz unterschiedliche Charaktereigenschaften angedichtet bekommen. Die Fachwelt meint, dass der Bajazzo vor seiner Geburt Vorgänger besessen habe in italienischen Karnevalsfiguren und dass sein zu gross geratenes Gewand eine Anspielung sei auf seine Dienerrolle.

Der «Pagliaccio» taucht zuerst um 1570 in einer italienischen Theatertruppe auf, die durch Italien, Frankreich, Spanien zog. In Frankreich stellte er sich im «Théâtre italien» dem Publikum, das er jetzt mit Spässen zu unterhalten hatte, als Pierrot vor; nun hat er sich zum treuherzigen, ehrlichen Diener gewandelt, den seine Rolle, die er als Unterhalter, aber auch als Aussenseiter der Gesellschaft spielt, melancholisch macht.

In den 20er-Jahren des 20. Jahrhunderts muss das Pierrot-Kostüm überaus beliebt gewesen sein, denn in der «National-Zeitung» vom 22. Februar 1924, berichtet ein gewisser Martin Bim in seinem Beitrag von einer «Pierrot-Manie»: «Oh ja, man ging auch ehemals an Bälle. Liebliche Erlebnisse könnte ich von alten Burgvogteibällen erzählen [...] Da waren noch Ideen zu bewundern, da wurde der Jury jedes Mal die Wahl wirklich zur Qual, aber nicht weil sie nur die Schönheit jurieren musste, sondern weil es schwer fiel, unter den vielen originellen die originellste Maske herauszufinden. Heute: Pierrot, Pierrot – und noch einmal Pierrot! Selbst der Aufruf der Jury hilft nichts, es muss einfach ein Pierrot sein. Und dabei kommt ein Pierrot absolut nicht billiger als ein anderes Kostüm, aber allerdings billiger als – eine Idee.»

Die Bildkonzeption zu den neun im Buch vorgestellten traditionellen Fasnachtsfiguren sähe an dieser Stelle eine Abbildung einer Plakette des Fasnachts-Comités vor, auf der eine betreffende Figur erstmals erscheint, und zwar allein als Visualisierung des für die damalige Fasnacht gültigen Sujets. Der Pierrot ist in den ersten Jahrzehnten nach 1911 nie zum Zuge gekommen, nicht einmal als Begleitung einer anderen Figur. Erst auf der Plakette von 1978 «E Schääse blybt e Schääse» von Peter Zepf taucht als Mitglied eines dreiköpfigen «Schyssdräggziigli» ein Pierrot auf, allerdings mit einem Spitzhut, wie er zum Blätzlibajass gehört, und nicht mit dem randlosen Käpplein beziehungsweise mit dem Zuckerstockhut. Das ist der Grund, weshalb wir hier anstatt einer oder mehrerer früherer Fasnachtsplaketten mit Pierrot drei Entwürfe für ein Abzeichen reproduzieren, das die Fasnachtsgesellschaft Olympia offenbar 1922 in Auftrag gegeben hatte. Als Schöpfer wird Paul Rudin vermutet, der 1921–1922 den «Olympern» die Laterne gemalt hatte.

Oben: Dieser Ausschnitt aus dem Erinnerungsbogen, der «Die fahrenden Künste» zeigt, wie sie im Fasnachtsumzug vom 22. Februar 1836 dargestellt wurden, bildet den Auftakt mit dem Vortrab. Von Bajazzi ist in jenem Jahr in der Presse die Rede, die mit ihren Pritschen wild gestikulierend für Platz sorgten. Und in der Tat lässt sich dieses oder jenes Kostüm mit dem Pierrot-Kostüm in Verbindung bringen. Allerdings: Die Kopfbedeckung ist jeweils nicht ein Gupf, sondern eine steife Zipfelmütze, und auch die Schellen an einigen Kostümen gehören eher zum Ueli.

Links: Für die Fasnachtsausgabe der «National-Zeitung» von 1929 hat Arthur Riedel (1888–1953) eine Morgenstreich-Zeichnung beigesteuert. Zu sehen ist darauf – eine «Guggemuusig»[!] vor dem «Käppelijoch». Unter den Kostümen des munteren Zügleins sind neben einigen Waggis auch Pierrots zu erkennen.

Peter Reinicke hat für die Meissen-Porzellanmanufaktur 1744 die aus der Commedia dell'Arte stammende Figur des Stotterers Tartaglia modelliert. Er trägt das Kostüm des Pierrot; noch fehlen die uns heute vertrauten attraktiven Pompons am weissen Gewand.

Eines der Meisterwerke der französischen Malerei des 18. Jahrhunderts ist die Darstellung des Schauspielers «Gilles» im Pierrot-Kostüm, die Jean-Antoine Watteau (1684–1721) in den Jahren 1718/20 gemalt hat. Die Forschung vertritt die Auffassung, es könne sich aber auch um eine Selbstidentifikation des Malers handeln, um ein Bild des verspotteten und von der Gesellschaft ausgegrenzten Künstlers. Wie ursprünglich Brighella, die Mandoline oder Gitarre spielende Figur aus der italienischen Commedia dell'Arte, trägt der Pierrot ein weisses Kostüm, zu dem ein weit geschnittenes Hemd mit grossem Halsausschnitt, der von einer Rüsche verdeckt wird, gehört, und eine ebenfalls weite Hose.

1

2

3

1 *Für die Figur des Harlekin im rot-schwarzen Rautenmuster-Kostüm war dem Maler Paul Cézanne (1839–1906) sein Sohn Paul Modell gestanden. Ins Pierrot-Kostüm steckte er seinen Freund Louis Guillaume. Das Bild steht isoliert im Œuvre des Malers. Auffällig am weissen Kostüm des Pierrot ist der Zuckerstockhut mit der grossen Krempe.*

2 *Selbstbewusst hat sich 1925 Pablo Picassos Sohn Paulo im strahlend weissen Pierrot-Kostüm mit Halskrause und Pompons vor den Vater gestellt. Als Kopfbedeckung trägt er einen schwarzen Zuckerstockhut mit aufgeschlagener Krempe. In der rechten Hand hält er eine schwarze Halbmaske.*

3 *Die beiden Pierrots, die der aus Cordona stammende und in Paris tätige Maler Gino Severini (1883–1966) ins Bild gesetzt hat, zeigen mit ihren schwarzen Masken mit langer Nase sowie mit den hohen randlosen zuckerstockförmigen Hüten eine Nähe zu Figuren der Commedia dell'Arte, insbesondere zu Brighella, einer Diener-Figur, die sich aufs Gitarrenspiel versteht. Den Halsrüschen an den weissen Kostümen entsprechen die Rüschen an den Ärmeln.*

1

2

3

1 Auf dem Gesellschaftsschrank mit Aufsatzvitrine in der «Olymper»-Stube des Café Spitz steht eine Uhr in der Form einer Trommel, auf der, ebenfalls aus Holz geschnitzt, breitbeinig ein Bajazzo oder, wie er mit seinem französischen Namen heisst, ein Pierrot sitzt. Als Kopfbedeckung trägt er ein randloses Käpplein.

2 Unter den Fasnachts-Souvenirs, die in den unterschiedlichsten Materialien hergestellt werden, gibt es auch den Zinnteller mit Fasnachtsfiguren. Der hier abgebildete zeigt einen trommelnden Pierrot, der allerdings nicht, wie wir es gewohnt sind, ein randloses Käppli mit Pfauenfeder aufgesetzt hat, sondern einen randlosen Zuckerstockhut.

3 Die fotografische Dokumentation des Requisits und der Laterne zum Sujet «Bajazzo», das die Fasnachtsgesellschaft Olympia 1910 ausgespielt hatte, zeigt dasselbe Pierrot-Motiv wie die hier abgebildete Uhr auf dem Gesellschaftsschrank in der «Olymper»-Stube. Die Laterne hatte Carl Roschet (1868–1925) gemalt zum Sujet «Quodlibet und Wurzengraber»; gemeint war eine Anspielung auf die Doppelspurigkeit der Comités in jenem Jahr.

Zwei bemalte Larven aus dem Atelier Charivari. Links: eine Pierrot-Larve vom Modell, das Max Bucherer zwischen 1926 und 1930 gestaltet hat, mit einer Bemalung aus den 1990er-Jahren. Rechts: eine Pierrot-Larve mit schwarzem Filzkäppli, weisser Perücke und schwarz-grauer Bemalung aus den 1980er-Jahren.

Ein pfeifender Pierrot in schwarzem Kostüm mit orangegoldenen Pompons und einer Pfauenfeder auf dem randlosen Filzkäppli, das auf einer schwarzen Bastperücke sitzt.

Der Dummpeter

Dass der Dummpeter eine Figur aus der Übergangszeit zwischen Ancien Régime und Biedermeierzeit sein muss, darauf deuten die weisse Perücke mit den Haarrollen an den Schläfen und dem Mozart-Zopf hin, das Jabot (Spitzenrüsche am Hemd) und die Rüschen an den Manschetten und am Bund der knielangen Hose, aber auch die Schnallenschuhe. Dies alles sind typische Elemente der spätbarocken Kleidung, der Rokoko-Kleidung. Der gemusterte Stoff, meist mit Blümchendessin und Streifen, aus dem das Kostüm geschneidert ist, deutet auf das Biedermeier hin. Zum Dummpeter gehört ferner ein krönchenartiges Hütchen. Unentbehrliche Requisiten sind: ein Staubwedel und natürlich das Trompetchen, das bei der Erklärung des Namens Dummpeter hilfreich sein muss: Dummpeter soll nämlich aus Drumpeter entstanden sein, indem ein gewisser Peter das Wort Trompeter nicht korrekt habe aussprechen können. Wie dem auch sei, eines steht fest: Der Dummpeter ist eine Frohnatur mit gen Himmel gerichteten Augen, einer Stupsnase, kräftigen Pausbacken und einem verträumten Lächeln im Larvengesicht.

Ob der Dummpeter eine im ausgehenden 18. Jahrhundert in Basel geborene Fasnachtsfigur ist oder ob er ursprünglich aus Deutschland zu uns kam, diese Frage ist bisher nicht zu beantworten gewesen, denn wie bei den meisten der traditionellen Basler Fasnachtsfiguren mangelt das Wissen über den historischen Hintergrund. Unter den Gestalten der italienischen Commedia dell'Arte hat er jedenfalls keine Verwandten. An der Strassenfasnacht erscheint er heute üblicherweise als Einzelmaske. Hin und wieder erinnert sich aber auch eine grössere Formation dieses originellen Kostüms. Vielleicht ist es wegen der Kosten unbeliebt, die seine Anfertigung verursacht, vielleicht wegen des negativen Images. Wer will schon als Tagträumer gelten! Übrigens: Offenbar war auch vor dem Zweiten Weltkrieg das Dummpeter-Kostüm eher selten zu sehen, denn im «Kleinen ABC dur d'Basler Fasnacht» von 1945 steht: «Leider sozusagen ausgestorbenes Original-Basler Fasnachtskostüm [...].» Wir wollen hoffen, es sei ein original-baslerisches Fasnachtskostüm!

1

2

3

4

1 Auf die Fasnacht 1914 brachte das Comité zwei Plaketten heraus: «Dr Dummpeter» und «Dr Ueli uf em Baselstab». Rudolf Dürrwang (1883–1936) hatte beide geschaffen. Zusätzlich zum gängigen Requisit, dem Staubwedel, hat der Künstler seinem Dummpeter eine Rätsche in die Hand gedrückt.

2 Die drei traditionellen Fasnachtsfiguren, die Ernst Burkhalter als Repräsentanten der Basler Fasnacht 1979 für seine Plakette ausgewählt hatte, liess er mit fröhlichen Gesichtern im munteren Schritt auf dem Zylinder einer Trommel dem Morgenstreich zueilen. Kein Wunder, hatte er doch das Motto «Uff d Sogge mache» visualisiert.

3 Carl Heitz (1896–1974), der den Beruf des Lithografen gelernt hatte, hat die Plakette von 1933 geschaffen. Er hat die Figur des Dummpeter auf ein «Junteressli» gesetzt und ihr in die rechte Hand einen «Zeedel» gelegt, den Staubwedel hat er als Pferdeschwanz eingesetzt.

4 «Y fägs», rief 1966 eine geometrisierte Dummpeter-Figur, die eben aus der Kostümkiste stieg, den Fasnächtlern und den Zuschauern am Trottoirrand zu. Geschaffen hatte die Plakette, die einen neuen Stil in der Umsetzung einer Fasnachtsfigur zeigte, Rolf Rappaz.

Begegnung mit zwei herrlichen Dummpeter an der Fasnacht 2004, deren Kostüm und Larve fast ganz der Tradition entsprechen, wie an den hier abgebildeten Plaketten zu erkennen ist. Das auf Streifen konzipierte Dessin des Kostüms nimmt die formale Feinheit von (bereits) biedermeierlichen Stoffen auf. – Eine Farb- und Dessinvariante zeigt der pausbackige fröhliche Dummpeter einer Wagenclique.

Wenn der Dummpeter auf der Laterne der «Alti Richtig» von 1938 – der Grafiker Alfred Seiler (1904–1974) hatte sie gemalt – eher ein griesgrämiges, statt ein fröhliches Pausbackengesicht zeigt, dann hat dies wohl mit dem ausgespielten Sujet zu tun, denn dieses beklagte, dass die «Alte Fasnacht» in Gefahr sei, weil durch den Abbruch des Stadtteils zwischen Fischmarkt und Petersberg und durch den Neubau des Spiegelhofs (Verwaltungsgebäude für das Polizei- und Militärdepartement sowie die Öffentliche Krankenkasse) ein ideales Altstadt-Fasnachtsrevier verloren gegangen sei.

Der Stänzler

Wie sehr sich das Erscheinungsbild des Stänzler-Kostüms seit den Anfängen am Ende des 18. Jahrhunderts verändert hat, zeigt ein Vergleich zwischen der kolorierten, um 1825 entstandenen Federzeichnung mit zwei Tambouren (vgl. S. 114) und der Darstellung in den frühen Plakettenjahrgängen. «Dem Stänzler geht es ähnlich wie dem Altfrank: Man vergisst ihn und hat seine Uniform aus der Kostümkiste verbannt», schreibt der stadtbekannte Journalist -minu über diese Fasnachtsfigur, die während den letzten Jahren in der Tat an der Fasnacht selten gesehen wurde. Dass die Figur im Laufe der Jahrzehnte groteske Formen angenommen hat, verwundert nicht, wenn man die Spottlust gegenüber Militärpersonen oder gegenüber dem Militär als Institution bedenkt.
Von der Kokarde auf dem zylinderförmigen Tschako bis zu den Goldknöpfen an den Seitennähten der Uniformhose gehören folgende Teile zu diesem Uniform-Kostüm, das im Grunde kein Fasnachtskostüm, sondern eine französische Militäruniform ist: Waffenrock mit Epauletten und Manschetten mit Goldtressenbesatz, Kamisol (Unterjacke) und Uniformmantel. Aus Unkenntnis wird dem Stänzler oft ein Zweispitz statt ein Tschako aufgesetzt. Typische Merkmale der Stänzler-Larve sind die gerötete Säufernase und der mächtige Schnauz.

Zum ersten Mal taucht unter den Plakettenmotiven die Figur des Stänzler 1926 auf; Otto Buser hat als Tambourmajor seines «Schyssdräggziigli» einen Stänzler gewählt, der bereits karikiert mit hohem Zylinder, Knollennase und dickem Bauch nur von Ferne an einen Stänzler erinnert.

Bis ins Spätmittelalter war es Sache des Einzelnen, sich seiner Haut und Habe zu wehren. Wo danach keine Truppen für die öffentliche Sicherheit sorgten, versahen wehrfähige Bürger den Wachtdienst oder es wurden – wie in Basel – die Zünfte mit dieser Aufgabe betraut. Als Anfang der Zwanzigerjahre des 17. Jahrhunderts, also zur Zeit des Dreissigjährigen Krieges, fremde Truppen in bedrohliche Nähe von Basel rückten, stellte der Rat zum Schutz der Stadt mehrere hundert Söldner in den Dienst. Sie bildeten mit der Zeit die Basler *Stadtgarnison*. Diese hatte den Wachtdienst unter den Toren zu versehen. Nach Kriegsende wurde ihr Bestand aus Kostengründen reduziert, umfasste jedoch stets zwischen 70 und 100 Mann.

Bis gegen Ende des 17. Jahrhunderts waren die Soldaten bei der Bevölkerung einquartiert; 1691 entschloss man sich, ihnen «Locamenten und Cazernes» zur Verfügung zu stellen. Diese Truppenunterkünfte wurden in drei ehemaligen Klöstern eingerichtet. Das Klingental- und das Predigerkloster sowie das «Blömlein», das ehemalige Kloster der Reuerinnen der heiligen Maria Magdalena in der Steinen, beherbergten künftig die Stadtgarnison. Seit etwa 1750 wurde nur noch die Blömleinkaserne benützt.

Otto Plattner (1886–1951) hat 1930 als Plaketten-Sujet ebenfalls ein «Schyssdräggziigli» gewählt. «Alli Drei» beziehungsweise «s Fasnachtsziigli im Säggsegg» hiess seine Kreation. Und wiederum führt ein Stänzler das Grüpplein an.

Die ersten Uniformen im heutigen Sinne gab es erst in der 2. Hälfte des 17. Jahrhunderts. 1692 kam die Uniformierung der Stadtgarnison im Rat zur Sprache.

Am 24. Oktober 1798 marschierten die französischen Truppen in Basel ein und übernahmen sofort den Wachtdienst unter den Toren. Anno 1804 verliessen diese Truppen die Stadt wieder. Unverzüglich trat die *Standeskompanie* an die Stelle der 1799 verschwundenen *Stadtgarnison*. Sie war wiederum eine angeworbene Truppe. Ihre Soldaten wurden im Volksmund «Stänzler» genannt. Die Stärke dieser Truppe wurde gesetzlich auf 200 Mann festgelegt. Beim Eintritt fasste der angehende Soldat eine «grosse Montur». Sie bestand aus dem Waffenrock, einem Kamisol (Unterjacke), einem Paar Hosen und dem Tschako, der Kopfbedeckung mit Schild und zylinderförmigem Oberteil. Den nicht gerade hohen Sold durften die Männer allerdings in ihrer Freizeit mit Handreichungen aufbessern, die sie für die Bevölkerung verrichteten. Gegen ein bescheidenes Entgelt stellten sich die Stänzler für Hausarbeiten zur Verfügung. Die Batzen und Rappen wurden meistens sofort in Alkohol umgesetzt. Stammlokal der Stänzler war der «Käs-Merian», die spätere Brauerei Senglet am Leonhardsberg, wo man für einen alten Batzen – nach heutiger Währung etwa 15 Rappen – ein Glas Bier nebst einer grossen Portion Käse und Brot erstehen konnte.

Der Stänzler als Fasnachtsfigur muss es Otto Plattner angetan haben, denn als Entwurf für die Fasnachtsplakette von 1935 hatte er dem Comité erneut eine wahrhaft lustige Stänzler-Figur eingereicht. Und das Comité hatte angebissen und die Plakette prägen lassen.

Wie schon die Stadtgarnison, waren die Stänzler in der Blömleinkaserne untergebracht, an deren Stelle heute der «Fasnachts-Brunnen» von Jean Tinguely plätschert, spritzt und sprüht. Die Aufgabe der Standeskompanie war der Sicherheitsdienst. Sie versah die Wache unter den sieben Stadttoren sowie beim Rathaus, beim Zeughaus, bei der Kaserne und bei der Rheinbrücke. Eine andere Aufgabe war die Fremdenkontrolle. Darüber hinaus wurde die Truppe mit der Handhabung der Feuerspritze vertraut gemacht. Die Stänzler waren also Nachtwächter, Bewacher von öffentlichen Bauten, Fremdenpolizisten und Feuerwehrmänner in einem.

Immer wieder kam es im Rat zur Debatte wegen der Aufhebung der Standeskompanie. 1824 heisst es in einem Gutachten, die geographische Lage der Stadt erfordere eine stehende Schildwache unter jedem Stadttor, umso mehr «als Basels Pforten die äussersten Posten gegen Frankreich» bedeuteten. Gegen die Beibehaltung spreche das Wenige, was die Truppe in polizeilicher Hinsicht leiste, sowie «das Unmoralische ihres Betragens».

Ende 1833, nach der Kantonstrennung, wurde eine neue Garnison, diesmal unter dem Namen *Standestruppe* aufgebaut. Der Kern dieser neuen Truppe bestand zu einem grossen Teil aus den ehemaligen Stänzlern. Durch ein Gesetz vom 4. Februar 1834 wurde ihre Zahl auf 201 Mann festgelegt. Das Tagespensum war nicht anstrengend. Bei festlichen Anlässen mussten sie zum Ehrendienst antreten. Auch die Standestruppe genoss bei den Bürgern kein besonders hohes Ansehen: ständig gab es Desertionen. Wegen der Anwerbung von Ausländern kam es 1848 zu Meutereien in der Truppe, was schliesslich zu deren Entwaffnung und Aufhebung führte. Ein Teil der Truppe wurde wieder provisorisch angeworben. Erneut wurde im Grossen Rat die Abschaffung der Standestruppe und deren Ersatz durch ein eigentliches Gendarmeriekorps diskutiert. Gegen eine Aufhebung sprach noch 1851 der Umstand, dass sich in Basel der Begriff der Beamtenehre noch nicht auf die Polizeiangestellten ausgedehnt hatte. Deshalb wurde der Beruf des Polizisten als nicht besonders ehrenvoll betrachtet. Trotzdem war die Auflösung der Garnison nicht mehr zu vermeiden. Der Anlass dazu war die intensive Abwerbung gut ausgebildeter Stänzler durch französische und englische Werber, die dicht an der Grenze hausten. Am 14. Juni 1856 wurde die Truppe aufgelöst. Ihre Aufgaben übernahm das seit 1816 bestehende *Landjägerkorps*.

Die beiden Basler Tambouren tragen die Stänzler-Uniform, die Uniform der Standeskompanie, welche die Nachfolgerin war der 1799 von den französischen Besatzungs-Truppen aufgehobenen Stadtgarnison. Der Einfluss von französischen Uniformen ist am Schnitt zu erkennen; die Farben: weisse Hosen, blaue Jacken mit rotem Schulterdekor, auf dem schwarzen Tschako rot-gelber Dekor. Die beiden Trommler sind nach der damaligen Mode frisiert.

Woher wir das alles wissen? 1982 wurde eine Clique, die «Basler Mittwoch Gesellschaft», 75 Jahre alt. Zum Jubiläumsbuch hat Hanspeter Meyer einen sorgfältig recherchierten Artikel beigesteuert: «Vom Stänzler und seiner Uniform». Dieser Beitrag ist die Quelle der hier gegebenen Informationen zum Namen und zur Bedeutung des Stänzlers. Übrigens: An der Stelle, wo Hanspeter Meyer auf die Stänzler-Uniform der BMG zu sprechen kommt, gibt er seinem Bedauern darüber Ausdruck, dass keine einzige Original-Uniform der Standeskompanie mehr existiert, sondern dass die Stänzler-Uniform der BMG eigentlich eine Anlehnung an jene der Artillerie-Kompanie des Stadtregiments der Basler Miliz ist. Die BMG hat am Cortège von 1922 erstmals ihre Stänzler-Uniform präsentiert. Es gab dafür zwei Gründe, dass sie angefertigt wurde: erstens wegen des damals ausgespielten Sujets und zweitens, weil die Clique durch die Anfertigung dieses immer wieder verwendbaren Kostüms die Gesellschaftskasse entlasten wollte, denn diese wurde wegen der zahlreicher werdenden Auftritte, welche eine Kostümierung verlangten, ständig geschröpft.

Wenn Fritz Grogg die beiden einander begegnenden Stänzler als Karikaturen darstellt, so hatte er damit nicht ganz unrecht, denn die Soldaten der Standeskompanie waren gemäss der Überlieferung wegen ihrer mehrheitlich mangelhaften Disziplin und ihres ungepflegten Aussehens in der Bevölkerung eher als Karikaturen, denn als Militärpersonen angesehen. «d'Reveränz» nannte der Grafiker die Begegnung der beiden, denen er übrigens nicht den Tschako auf den Kopf setzte, sondern einen Zweispitz, wie er, der Tradition gemäss, dem Harlekin eigen ist.

Auf den grinsenden Stänzler, den Arthur Rahm (1894–1966) auf die Plakette von 1951 gebracht hatte, wollen wir in dieser Stänzler-Serie nicht verzichten. «dr Nohwux» nannte der Primarlehrer und «Plaketten-Bäcker» sein Werk.

Theo Modespacher (1897–1955) zeigt in seinem 1926 datierten Gemälde, wie sich eine Gruppe von Fasnächtlern im Charivari-Kostüm für den Morgenstreich vorbereitet. Der Tambourmajor steckt in einer Stänzler-Uniform mit eng anliegender weisser Hose, rot-blauer Jacke mit Stehkragen und gelben Epauletten. Der Tschako, der zur Originaluniform des Stänzlers gehört, ist mit einer Bärenfellmütze vertauscht. Nicht ganz stilecht sind auch die Gamaschen.

Burkhard Mangold (1873–1950) hat uns eine lavierte Federzeichnung hinterlassen, die uns einen Eindruck vermittelt vom Vorbeimarsch der Cliquen am Comité, welches vor dem Eingang des ehemaligen Stadt-Casinos am Steinenberg Aufstellung genommen hatte. Der Tambourmajor, der eben vorbeiziehenden Clique, ist ein respektabler Stänzler. Stänzler stehen auch als «Wache» zu beiden Seiten des Eingangs zum Casino.

Drei Stänzler-Larven im Larvenatelier Charivari, die die Betonung der «Säufer-Nase» demonstrieren, welche gemäss den historischen Schilderungen ein Attribut der Stänzler gewesen zu sein scheint. Die drei Larven zeigen auch, wie der Gesichtsausdruck vom Larvenkünstler bald gutmütig, bald diabolisch gestaltet wird.

In den Harst von Tambouren im Charivari-Kostüm haben sich auch zwei Stänzler verirrt.

Der Altfrank

Der «Altfrank» ist wie der «Stänzler» ein Fasnachtskostüm, das sich aus einer Militäruniform entwickelt hat. Die Veränderungen sind beim Altfrank-Kostüm allerdings viel geringer; sie betreffen insbesondere das Schuhwerk, die Dekoration und die Farbe. Der Altfrank ist ein «vornehmes» Kostüm, es geht auf die barocke Bürgerkleidung zurück mit einem Frack aus Tuch oder Samt, mit einem Gilet, Dreispitzhut und weisser Perücke. Vermutlich wurde diese Bekleidung zum Fasnachtskostüm, weil man sich nach dem Ende des Ancien Régime (1789) auch in Basel über die edlen Bürgersleute lustig machen wollte, die sich als etwas Besonderes vorkamen, deren Zeit man aber für abgelaufen hielt. Es könnte also eines jener wenigen Kostüme sein, das seine Entstehung der (damals) sprichwörtlichen Spottlust der Basler verdankt. Woher sich der Name ableitet, ist unklar. Altfränkisch bedeutet: in der Art der alten Franken, das heisst: der Vergangenheit angehörend, veraltet. Diese Wortbedeutung am Ende der «Zopfzeit» könnte eine Erklärung für die Bezeichnung Altfrank sein.

Die Militäruniform des «Altfrank» ist in Basel jedes Jahr am Kleinbasler Festtag, am «Vogel Gryff» zu bewundern. Der Vogel Gryff-Tag liegt zwar vor dem Fasnachtstermin, nämlich im Januar, steht aber längst nicht mehr im Zusammenhang mit der Tradition der mittelalterlichen «Militärinspektion». Vogel Gryff, Wild Maa und Leu sind die Repräsentanten der Drei Ehrengesellschaften Kleinbasels. «Greifen», «Haeren» und «Rebhaus» sind drei im Mittelalter entstandene bürgerliche Vereinigungen. Die drei Tambouren, die die Ehrenzeichen begleiten, treten in der schmucken Uniform des Altfrank auf: Dreispitz mit Kokarde und Federbusch, mit Jabot, Waffenrock mit Messingknöpfen, Gilet, Kniehose und Kniestrümpfen sowie mit Schnallenschuhen.

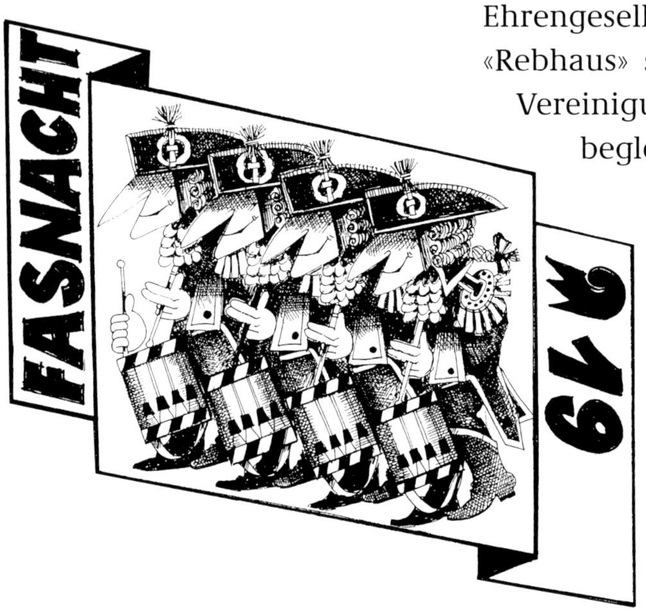

Da sich auf den frühen Fasnachtsplaketten die Figur des Altfrank nicht zeigt, bilden wir hier anstelle einer Plakette einen Entwurf mit einer Tambourengruppe im Altfrank-Kostüm ab, der von Febo Freier stammt. Febo Freier, der besser bekannt ist unter dem Kürzel 2xF, war zweimal als «Blaggedde-Begg» (Fasnachts-Plaketten-«Bäcker») erfolgreich, nämlich 1958 und 1959. Unermüdlich hat er daraufhin weitergemacht und Jahr für Jahr dem Comité einen oder mehrere Entwürfe eingereicht, allerdings erfolglos.

Die Einkleidung der drei Tambouren war anfangs Sache der Trommler selbst. Seit 1859 wurden die Uniformen, wie eine Rechnung belegt, aus dem Theaterfundus gemietet. Der Mietlohn betrug zehn Franken. «Zur Einsparung des jährlichen nicht unbedeutenden Miethzinses» wurden 1887 eigene Tambourenkostüme «in Altfanken Manier» bei einem Schneidermeister bestellt und 360 Franken «zur Bezahlung aus der allgemeinen Casse gutgeheissen». Diese Kostüme bewährten sich so gut, dass sie erst 1932 durch eine «den alten Kleidern in Form und Farbe angepasste Neuuniformierung» ersetzt werden mussten.

Die Uniform des Altfrank, wir sagten es bereits, wurde zum Fasnachtskostüm. Noch im Sinne der Militäruniform erscheint sie in den frühen Erinnerungsbogen an die Fasnachtsumzüge während der ersten Hälfte des 19. Jahrhunderts. Ganze Gruppen tragen sie dort, gemeint allerdings als historische Uniform. Das Kostüm des Altfrank scheint, anders als das des Stänzlers, bereits zu Beginn des 20. Jahrhunderts aus der Mode gekommen zu sein, erscheint es doch auf keiner der frühen Fasnachtsplaketten und auch auf keinen bildlichen Darstellungen jener Zeit. Auch im «ABC dur d'Basler Fasnacht» von 1945 bleibt das Kostüm unerwähnt. Wenn es jetzt hin und wieder in der Strassenfasnacht auftaucht, meist einzeln, seltener in Gruppen, dann ist dies ein erfreuliches Anzeichen dafür, dass eine der einstigen Fasnachtsfiguren nicht ganz in Vergessenheit geraten ist. Übringes: Das Spiel E.E. Zunft zu Safran pflegt bei gesellschaftlichen Anlässen «im Altfrank» aufzutreten. 1998 wurden die nicht ganz stilechten Kostüme in den Zunftfarben Gelb und Grün neu angefertigt.

Auf dem Vogel Gryff-Bild, das Karl Moor (1904–1991) gemalt hat, sind auch zwei Tambouren, die die drei Zeichen begleiten, in der Uniform des Altfrank zu sehen. Erst 1887 wurden von den drei Kleinbasler Ehrengesellschaften die Trommler einheitlich eingekleidet, nämlich in Tambourenkostüme «in Altfranken Manier».

Die Tambouren des Vogel Gryff-Spiels haben vor den Bannerträgern, die ein anderes, nach einem historischen Vorbild geschneidertes Kostüm angelegt haben, Aufstellung genommen. Selbstverständlich gehen die Tambouren unmaskiert. (Foto: Peter Rudin).

Viel beachtet wurden die Tambouren der «Alti Richtig», als sie am Cortège 1965 im Altfrank-Kostüm auftraten. Es waren wohlgenährte und zufriedene Herren, wie man an ihren Larvengesichtern mit den Pausbacken sieht. Offenbar war es schon damals nicht so einfach, zum Kostüm passende Schnallenschuhe in so grosser Zahl aufzutreiben, und auch die Perücken wurden in «dichterischer» Freiheit gestaltet. (Foto: Archiv «Alti Richtig»)

Sie steht im Atelier zum Abholen bereit, die Larve zum Altfrank-Kostüm mit dem fixierenden Blick und den kräftigen Augenbrauen. – Auf dem Foto mit dem Altfranken-Züglein ist zu erkennen, wie sich nicht nur von der Farbe her, sondern auch vom Schnitt des Kostüms Varianten durchsetzen. – Trefflich verkörpert dieser Altfrank mit dem hellen Blick das Ancien Régime, weil sein Kostüm an der damals aktuellen Uniform orientiert ist.

Die Alte Tante

Das Kostüm der Alten Tante – es ist unter den klassischen Kostümen das einzig weibliche – war seit seinem Aufkommen im 19. Jahrhundert lange Zeit eine Verkleidungsmöglichkeit ganz nach dem Herzen der sparsamen Basler, denn – abgesehen von Larve und Perücke – kostete sie nichts, man fand alles Notwendige im Kleiderschrank der Grossmutter: die Kopfbedeckung, ein kleines Capotte-Hütchen oder einen breitrandigen Biedermeierhut, den man mit Papier- oder Seidenblumen reich schmückte, das Schuhwerk, dann eine Bluse und eine weit geschnittene, fast bodenlange «Junte» (Jupe), unter der ein «faux cul» (ausgepolstertes Hinterteil) Platz haben musste – der Busen und das Hinterteil nämlich durften überbetont werden! – oder einen ebenso langen Rock; in beiden Fällen trug man darüber eine taillierte Jacke und oft einen Indienne-Schal. Nicht fehlen durfte das «Ridicule» (Stotttäschchen). Nichts musste zusammenpassen, weder die Stoffe noch deren Farben.
Nach dem Zweiten Weltkrieg, während der Hochkonjunktur, wurde – wie andere Kostüme – die Alte Tante vornehm. Man schaute immer mehr auf edle Materialien: Samt, Seide, Spitzen. Dieser Trend dauert bis heute an, auch für das Erscheinungsbild von nicht klassischen Kostümen.

Rechts: Bemerkenswert ist, dass das Monogramm von Wilhelm Dollinger auf der Plakette für 1921, die eine trommelnde Alte Tante im Sauseschritt zeigt, erscheint, nicht aber das des Malers, Grafikers und Lehrers an der Kunstgewerbeschule Basel Paul Kammüller (1885–1946), der den Entwurf geliefert hatte. Die Plakette kostete übrigens das Doppelte der Plakette von 1913, nämlich einen Franken. 1921 war auch das Jahr, in dem erstmals eine silberne und eine goldene Plakette herauskam.

Unten: Auf die Fasnacht 1913 gab das Comité zwei Plaketten heraus, die beide von Wilhelm Dollinger in Riehen entworfen und ausgeführt wurden. Die eine zeigt einen Ueli-Kopf, die andere eine Alte Tante beim Intrigieren; «Die Alti Dante intrigiert» hiess sie denn auch offiziell. Sie kostete ebenfalls 50 Rappen wie der Ueli. Der Grund dafür, dass zwei Plaketten erschienen, war eine Spekulation des Comités, das darauf hoffte, dass «gute Fasnächtler» je ein Exemplar kaufen würden. Speziell an der Ausgabe mit der Alten Tante war das an der Rückseite angeklebte, etwa zwei Zentimeter lange rote Seidenband. Die Alte Tante hält in ihrer Rechten eine Pritsche, ein flaches, mehrfach gespaltenes Schlagholz, mit dem sie einem kahlköpfigen, lediglich bis zu den Augenbrauen sichtbaren Opfer einen Klaps verabreicht.

Dass die klassischen Kostüme durch die Jahrzehnte unterschiedlich beliebt waren, lässt sich auch am Beispiel der Alten Tante verfolgen, eines Kostüms, das bis in die Gegenwart eher als Einzelkostüm, denn als Cliquenkostüm getragen wird. Möglicherweise ist der Grund für das gelegentlich nur noch sporadische Auftreten dieses Kostüms an der Strassenfasnacht, und zwar zu einer Zeit, als die Fasnacht noch reine Männersache war, dass, wenn sich ein Mann als Alte Tante verkleidet, der Eindruck von Transvestismus entstehen könnte. Von Künstlerhand dargestellt, erscheint die Figur der Alten Tante auf den frühen Fasnachtsplaketten zur gleichen Zeit, als der «Prinz Carneval» von der «Frau Fasnacht» abgelöst wurde. Sie trat personifiziert im Kostüm der Alten Tante auf.

Der Basler Maler Karl Hindenlang (1894–1960), der sich nach der Machtübernahme der Nationalsozialisten in Deutschland, 1933, Charles nannte, hat auf seiner Gouache ausser der stämmigen trommelnden Alten Tante auch einen Waggis und einen Pierrot als klassische Fasnachtsfiguren erscheinen lassen. Der Künstler gehörte zu den älteren Mitgliedern der 1933 in der «Gruppe 33» zusammengeschlossenen Maler, Architekten und Bildhauer, die neue Ausdrucksformen suchten. Die Maler pflegten eine intensive Auseinandersetzung mit den Werken der deutschen Expressionisten, mit Picasso, Matisse und anderen. Dass Hindenlang mit der lokalen Tradition der Fasnacht verbunden blieb, bezeugen nicht nur seine Laternen, sondern auch seine Gemälde mit den Motiven wie Harlekin und Pierrot, die er mit dem Clown und dem Gaukler, das heisst mit den Randfiguren der Gesellschaft, in Verbindung brachte. In Hindenlangs Fasnachtsbildern verschmelzen Fasnacht und Totentanz miteinander, Vorstellungen auch von Tod und Jenseits, von Geisterbeschwörung und Zaubertänzen zur Vertreibung von Dunkelheit. Das Thema beschäftigte ihn seit der Aufführung des «Totentanzes» auf dem Basler Münsterplatz im Jahre 1943.

Von Künstlerhand gemalt, nämlich von Arthur Riedel (1888–1953), begegnet uns auf einem 1925 enstandenen Ölbild die Figur der Alten Tante in Begleitung von zwei Waggis. Riedel hat den Typus der fröhlichen Alten Tante dargestellt. Unter einem mächtigen, mit Papierrosen geschmückten Hut sehen wir die bebrillte Larve mit der knolligen Nase. Farblich zum grünen Rock passend, sind die Schleife des Bandes, mit dem der Hut unter dem Kinn festgehalten wird, und das mächtige «Ridicule». In der Zuschauerreihe hinter dem fröhlichen Trio steht ein Kind im goldgelben Pierrot-Kostüm und schaut dem Treiben erstaunt zu.

Links: Die mittlere der drei klassischen Fasnachtsfiguren, die Alfred Seiler (1904–1974) als Identifikationsfiguren für die Basler Fasnacht auf der «Alti Richtig»-Laterne von 1938 gewählt hatte, ist eine Alte Tante. Dem Larvengesicht hat er, dem ausgespielten Sujet entsprechend, einen verzweifelten Ausdruck gegeben. Das Kostüm ist als Ganzes auf der Umschlagvorderseite abgebildet.

Unten: 1926, ein Jahr nach seinem berühmt gewordenen Ölbild «Der Morgenstreich», auf dem ein «Buebeziigli» zu sehen ist, das, aus dem Imbergässlein kommend, vor der «Hasenburg» vorüberzieht, hat Niklaus Stoecklin (1896–1982) eine Zeichnung in der Zeitung publiziert, die ebenfalls ein «Buebeziigli» zeigt. Allerdings ist es bei Regenwetter während des Cortège unterwegs. Einige Figuren aus dem Gemälde tauchen auch in der Illustrationszeichnung auf, so beispielsweise die trommelnde Alte Tante.

Das Kostüm ist bereit! Max Löw (1910–1994) zeigt das Kostüm einer Alten Tante in Grün und Blau, hingegossen auf ein Biedermeier-Sofa. Üblicherweise begegnet man im Werk des im Basler Gundeldingerquartier hinter dem Bahnhof geborenen Künstlers, der sich 1954 im basellandschaftlichen Arlesheim in einem Atelierhaus einrichtete, der Harlekin-Figur, insbesondere in seiner Hinterglasmalerei. Nur in der Farbgebung des Kostüms variierende, von vorn gesehene Brustbildnisse sind es, mit einem typisierten, elegischen Gesichtsausdruck. Zwar hatte Max Löw jahrzehntelang an lokalen und nationalen Kunstausstellungen teilgenommen, aber einer Künstlervereinigung war der nicht akademisch ausgebildete Maler – neben dem Basler Maler Karl Moor hatte ihm der Matisse-Schüler Hans Purrmann allerdings von 1943 an fast während eines Jahrzehnts Anregungen gegeben – nicht beigetreten.
Wie andere Künstler hat Löw, der von einem Thema eine den innersten Kern enthaltende Fassung erarbeiten wollte und auf dem Weg dorthin unzählige Versionen schuf, das Motiv des Harlekin in Zusammenhang gebracht mit dem Zirkusclown, dem vornehmen, dem «weissen Clown». Vor allem sind in diesem Zusammenhang seine oft dem Selbstbildnis angenäherten, in Gips oder Terra cotta ausgeführten Köpfe zu erwähnen.

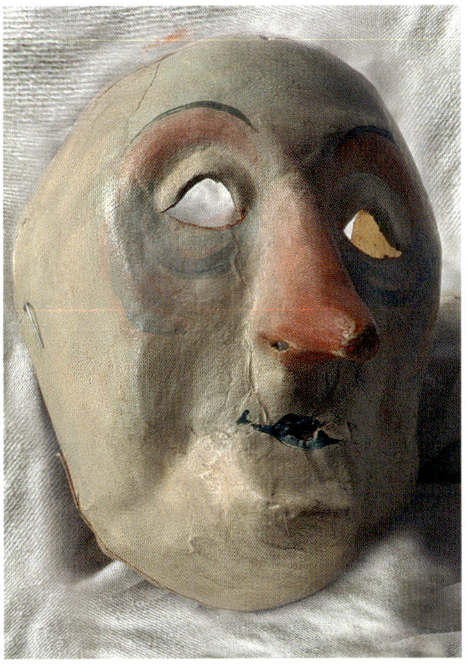

1

2

3

4

5

Eines machen die fünf abgebildeten Alte-Tante-Larven deutlich: Die ursprünglichen Varianten des Gesichtsausdrucks – ernst, bissig und maliziös beziehungsweise fröhlich-heiter – haben sich im Laufe der Jahrzehnte gewandelt. Während das von Adolf Tschudin 1928 kreierte und vom Basler Künstler Alex Meier 1948 bemalte Modell (Abb. 1), sodann die Ende der dreissiger Jahre von Robert Frank geschaffene Larve (Abb. 2) und schliesslich die «Warenhauslarve» aus dem Atelier Plüss, welche wohl aus der Nachkriegszeit stammt (Abb. 3), den traditionellen Typen angehören, zeigen die beiden anderen (Abb. 4 und 5) einen blasierten beziehungsweise dümmlichen Charakter. Einen Anflug ins Ordinäre, wie er eigentlich zur Figur der «Grytte», zum betont schicken «Mäsggli» gehört, ist einem jüngeren Typus eigen, wie die letzte Abbildung in der Reihe der Alte-Tanten-Kostüme dokumentiert (vgl. S. 137).

1

2

3

Das Bedürfnis vieler von der Basler Fasnacht Begeisterten, eine Erinnerung in die Vitrine zu stellen oder an die Wand zu hängen, ist gross. Die Produktion von Fasnachts-Souvenirs ist zu einer Industrie geworden. Allerdings sind manche dieser «Creationen» nicht unbedingt Zeugnisse des guten Geschmacks. Dort aber, wo Künstlerhände im Spiel sind, erhält das Fasnachts-Souvenir Ausdruckskraft, Stimmungsgehalt und bleibenden Wert. Von Künstlerhand geschaffen sind die drei abgebildeten Beispiele, die Alte Tante aus Holz (Abb. 1) geschnitzt, die Alte Tante in Keramik (Abb. 2) und der Kopf der Alten Tante als Gravur (Abb. 3).

Die beiden Tambourmajore repräsentieren zwei traditionelle Typen der Alten Tante: den grimmigen, mit einem ad hoc zusammengestellten Kostüm, und den vornehmen, freundlichen mit einem Kostüm aus edlen Materialien. Edel geben sich auch die Materialien der aus der Alten Tante abgeleiteten Einzelmaske, die in ihrer schrillen Farbigkeit und mit ihrem exotisch anmutenden Larvengesicht eher an eine Gestalt am Carneval in Rio erinnert als an eine traditionelle Figur an der Basler Fasnacht. Immerhin trägt sie einen blumengeschmückten Hut und hat noch als «Ridicule-Ersatz» ein Abendtäschchen bei sich.

Der Waggis

Die typische Tracht eines Waggis sieht so aus: In Sundgauer Holzschuhen stecken, von Filzpantoffeln geschützt, die Füsse, die ihrerseits von handgestrickten Wollsocken mit einem Ringelmuster warm gehalten werden. Über den Hosen aus grobem Drillich trägt der Waggis die blaue Arbeitsbluse der Sundgauer Bauern. Um den Hals ist ein sogenannter «Vatermörder» gelegt, der mit einem bunten Halstuch zusammengehalten wird. Auf dem Kopf trägt er eine weisse oder schwarze Zipfelmütze. Das wichtigste Utensil war der «Munifiesel», die getrocknete Harnröhre des Stiers. Dieser wurde mit einem fünf Millimeter dicken Draht verstärkt. Es brauchte nicht viel Kraft, um mit diesem elastischen Knüppel einem Raufgegner den Schädel entzweizuspalten.

Der Waggis ist im Erscheinungsbild der Basler Fasnacht ohne Frage die am meisten und seit etwa 1950 am variationsreichsten auftretende Figur. Und gleichzeitig ist sie unter den klassischen Basler Fasnachtsfiguren diejenige, die sich seit ihrem Auftreten am stärksten verändert hat. Sie ist eine groteske Figur geworden. Heute hat sie eine Larve mit einer überdimensionierten Nase und einem Maul voll ungeschlachter Zähne. Die Haare sind zu einem riesigen «Strubel» ausgewachsen. Wann dies geschehen ist, darüber gehen die Meinungen auseinander.

Die Figur des Waggis erscheint erstmals 1926 auf einer Plakette, nämlich im «Schyssdräggziigli» von Otto Buser (vgl. S. 112); auch Willi Hege (1929), Otto Plattner (1930; S. 112) und Fritz Grogg (1946) haben die Waggisfigur bei der Gestaltung ihrer Plakette berücksichtigt. Fritz Grogg war es auch, der sie 1955 («s rollt») als Einzelmotiv verwendete.

Die Herleitung des Namens Waggis ist nicht entschieden. Es gibt zwei Theorien: die eine leitet ihn von der Bezeichnung der Bewohner des «Wasgaues» oder der Vogesen ab, die andere von der gerichtlichen, aus dem Lateinischen stammenden Bezeichnung *vagus*, was soviel bedeutet wie: der Vagabund, der Landstreicher. Da das Wort Waggis im Volksmund nicht nur als Bezeichnung für einen Elsässer oder Sundgauer verwendet wird, sondern auch als Schimpfwort für einen rohen ungebildeten Landstreicher, erregt es verständlicherweise den Unmut der unbescholtenen Elsässer beziehungsweise Sundgauer, die damit tituliert werden.

Was die Herkunft der Waggis-Larve betrifft, vernimmt man Interessantes im Artikel, der am Freitag, dem 22. Februar 1924, in der Sondernummer der «National-Zeitung» erschienen war. Dort hiess es unter anderem:

«Nicht von den kulturhistorisch so interessanten Masken fremder Völker, nicht von den originellen Vermummungsgebräuchen, die in vielen Schweizer Dörfern noch zu Hause sind, soll hier die Rede sein, sondern von der guten alten Basler Fastnachtslarve[!]. Ist sie wirklich so baslerisch echt, wie man gemeinhin glaubt? Ist die unförmige Nase, die aus einem Waggiskopfe hervorleuchtet, an den Ufern des Birsig gewachsen?

Wir treten in eines der grossen Larvengeschäfte unserer Stadt [Métraux-Bucherer an der Freien Strasse], das sich die

Veredelung und Verbesserung der in den Handel gelangenden Basler Fastnachtslarven zur Pflicht macht. Der Besitzer empfängt uns liebenswürdig und führt uns in die geräumige Halle, an deren Wänden in seltsamer Feierlichkeit Chinesen und Pierrots, Neger, Indianer, Damenlärvchen hängen. Breit grinsen die Mäuler der Waggisgesichter, wie gewaltige Pfahle ragen die immensen Riechwerkzeuge hervor. ‹Die Waggislarve kommt aus Italien›, werden wir belehrt, ‹aus einer ausgezeichneten Fabrik, die nur die sonderbare Gepflogenheit hat, echt italienisch, sich um geschäftliche Dinge nicht allzu sehr zu bekümmern. Sie stellt ihre in Italien in anderer Weise als bei uns gebrauchten Larven auf gut Glück her und harrt dann der Abnehmer, die kommen oder – nicht kommen. Zum Glück habe ich das Dornröschen entdeckt und bin, gleichermassen wie meine Kunden, sehr mit ihm zufrieden.›»

Nach Hans Peter Hort (1956) hat Fritz Grogg 1957 anlässlich des Gründungsjubiläums der Stadt, 2000 Jahre Basel, den Waggis zum Motiv gewählt, und zwar als wackeren «Määlsuppe» schlürfenden Römer. Auch in den beiden darauffolgenden Jahren hat der Plakettenschöpfer, diesmal war es Febo Freier 2xF, den Waggis zum Sujet auserkoren.

Zum Waggis gehörten zu verschiedenen Zeiten unterschiedliche Requisiten, zum Beispiel ein grosser Schirm, die luftgefüllte getrocknete Schweinsblase, mit der er die Umstehenden züchtigte, dann ein roher, zuweilen aus einer Wurzel geschnitzter Knüppel und ein Gemüsenetz, das so genannte «Gäärnli», in dem er ein paar Zwiebeln, Kartoffeln, Karotten und Lauchstängel mit sich führte. Mit der Zeit ist dem wilden Burschen eine Kunst abhanden gekommen, nämlich die des zwar etwas derben, aber witzigen Intrigierens, das heisst jemandem im Schutz der Larve und ohne ein Blatt vor den Mund zu nehmen, die Meinung zu sagen. Früher war das Intrigieren eher möglich, weil die Basler einander kannten. Die Anonymität, in der wir heute leben, und insbesondere die starke Anwesenheit von Vertretern anderer Kulturen hat das Intrigieren zum Verschwinden gebracht. Was man heute vom Waggis, der sich mit einer Schar von Kumpanen auf einem Wagen tummelt, zu hören bekommt, sind üblicherweise vor allem grobe Wortkanonaden. Neben den vom Waggiswagen in alle Richtungen durch die Luft sausenden Orangen sind es vor allem die «Räppli»-Wolken, die die Zuschauer «erfreuen». Die Spreu-Wolken sind inzwischen verboten.

Im Stammbuch «Gäärtli» (1873–1878) der Basler Gymnasiastenverbindung «Paedagogia», das im Staatsarchiv Basel-Stadt aufbewahrt wird, findet sich eine kolorierte Federzeichnung, auf der vor dem Panorama des Grossbasler Ufers zwischen dem «Seidenhof» und dem St. Johanns-Tor ein Züglein von Verkleideten und Maskierten auf der Kleinbasler Promenade rheinabwärts unterwegs ist.

Die für unser Thema interessante Figur ist der Waggis, der eine weissgewandete Gestalt mit schwarzer Halblarve aus Stoff auf den Schultern davonträgt. Das Waggiskostüm besteht aus einer weissen Zipfelmütze, einer weiten, blauen Bluse und einer hellgrauen Hose, die auf der Höhe des rechten Knies mit einem andersfarbigen Stoffflecken geflickt ist. Der Gymnasiast hat sich nicht so verkleidet, wie es sich für einen Waggis gehörte, denn er trägt weder Ringelsocken noch Holzschuhe. Ist die Rute, die die weisse Gestalt auf seinen Schultern in den Händen hält, der «Munifiesel», der eigentlich zur Waggisfigur gehören würde? Auch ein weiteres Requisit, das Gemüsenetz, fehlt, und ob er einen Vatermörder trägt, ist nicht zu sehen.

Was die Larve angeht, ist sie vermutlich ein Exemplar aus einer Massenproduktion, das lediglich entsprechend angemalt wurde. Die letzte Gestalt des Zü²gleins trägt nämlich, wenn nicht alles trügt, ein anders bemaltes Exemplar desselben Modells. – Alexandre Bourcart ist der Autor des mit dem Datum «Fastnachtsmittwoch 25.II.1874» versehenen Bildes.

Diese Waggisdarstellung wurde gelegentlich als die älteste bezeichnet. Wir wollen jedoch darauf hinweisen, dass Hieronymus Hess in seinem berühmten Morgenstreich-Bild, das er in einer Ölbild- und in einer Aquarellfassung geschaffen hat, bereits 1843 einen Waggis als Fackelträger erscheinen lässt (vgl. S. 24).

Diese arabeskenartige kolorierte Federzeichnung bildet den attraktiven Auftakt zum ersten Band der Chronik der VKB (Vereinigte Kleinbasler). Sie dokumentiert, dass die Waggis-Larve offenbar bereits 1884 eine respektable Nase als Charakteristikum besass.

1

2

3

1 *Waggiskopf auf dem Titelblatt des «Nebelspalter» vom Februar 1928, nach einem Entwurf von Niklaus Stoecklin (1896–1982). Der Künstler hat die schwarze Zipfelmütze, die gängige Version der weissen, für seine Darstellung gewählt.*

2 *Otto Plattner (1886–1951) hat in den 30er-Jahren diese Waggis-Scheibe geschaffen, die von der Olympia für die Ehrung verdienter Cliquenmitglieder gedacht war.*

3 *Das Umschlagmotiv, ein Waggis-Kopf mit der charakteristischen Nase, hat Burkhard Mangold (1873–1950) für das vom Fasnachts-Comité 1939 herausgegebene Buch «D Basler Fasnacht» entworfen.*

Niklaus Stoecklin (1896–1982), Chaise mit drei Waggis und einer Elsässerin, 1946, Farblithografie.

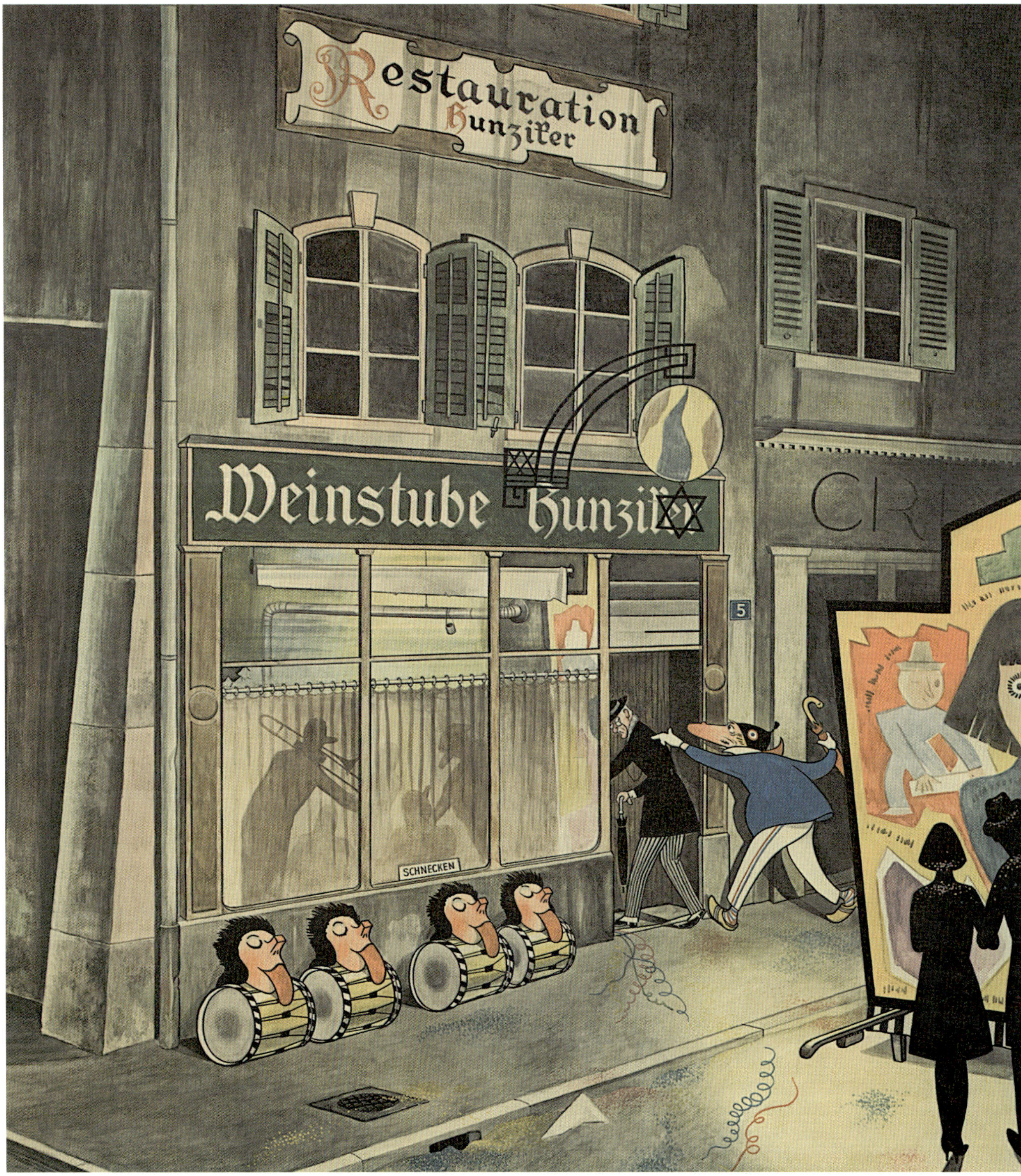

Intrigierender Waggis vor der «Weinstube Hunziker» am nächtlichen Spalenberg. Farblithografie aus dem Jahre 1965, mit der Signatur «Kälin».

1

2

3

1 Mit schnellen Kohlestrichen hat Ernst Wolf (*1915) den Waggis skizziert, der statt der Zipfelmütze beziehungsweise des ebenfalls üblichen Strohhutes eine Melone aufgesetzt hat und der eindringlich auf die Alte Tante neben ihm einredet.

2 Mit weit ausgestrecktem Arm und hinweisendem Zeigefinger hat Febo Freier (*1926) seinen intrigierenden Waggis in Ölkreide 1955 zu Papier gebracht; statt des «Gäärnli» hat er ihm einen bunten Regenschirm ins Ellbogengelenk gehängt. Wie es sich gehört, trägt der intrigierende Waggis, um ja nicht erkannt zu werden, weisse Handschuhe.

3 Wenn man der Kolorierung des trommelnden Waggis auf der grossformatigen Gouache, die 1968 der Laternenmaler Robert Sterchi (*1937) gemalt hat, glauben will, dann hat sich schon damals die Frisur, die anfänglich unter einer Zipfelmütze Platz hatte, in einen wilden «Strubel» verwandelt gehabt und eine fantastische, hier eine grüne Farbe angenommen.

Ein herrlicher trommelnder Waggis, der von einem Pfeifer begleitet wird, ist im Vordergrund von Werner Nännis (1916–1992) Ölbild «Morgenstreich am Leonhardsstapfelberg» zu sehen. Er ist bis auf die Farbe der Perücke und die Zündholzschachtel, die das Halstuch zusammenhält, traditionell kostümiert.

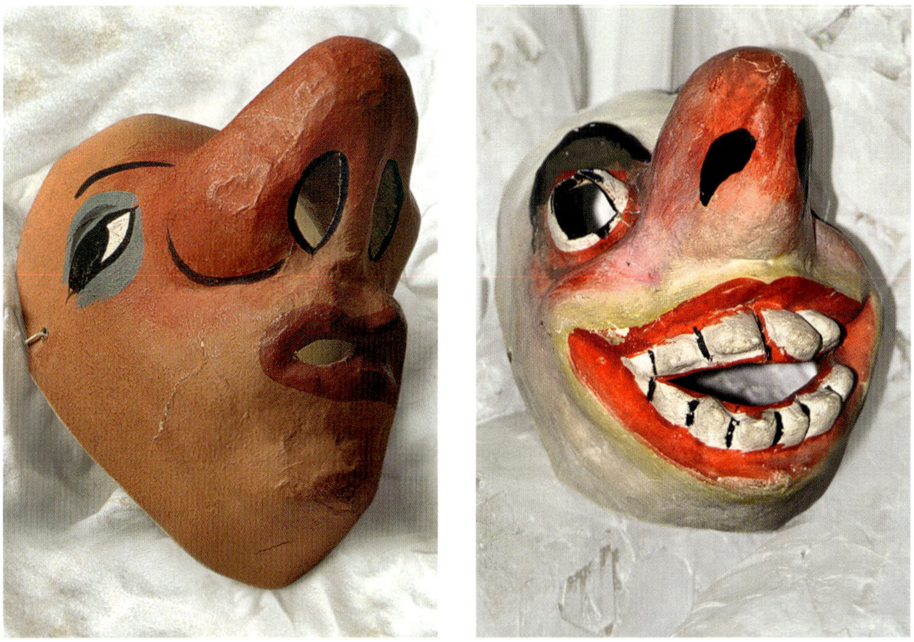

Zwei Waggis-Larven. Die Warenhaus-Larve aus dem Atelier Dildi (links) und die Larve aus dem Atelier Gisi (rechts) unterscheiden sich darin, dass die jüngere ein bleckendes Gebiss zeigt.

Man glaubt es den Waggis, die auf einem Wagen den Steinenberg hinaufgezogen werden, ansehen zu können, dass sie sich darüber freuen, im ersten Jahr nach dem Krieg wieder Fanacht feiern zu dürfen. «Ändlig isch s wiider so wyt!», hiess denn auch das Motto der auf die Fasnacht 1946 hin von Fritz Grogg gestalteten Plakette. Sie ist übrigens an den Waggisblusen deutlich zu erkennen. Der Basler Fotograf Balzer hat das Bild vor dem Haus geschossen, in dem heute das Puppenmuseum sein Domizil hat.

1

2

3

1/2 Noch einmal zwei Waggis-Larven, die rechts stammt aus den 1950er-Jahren, jene links mit der Bastperücke in den Farben der französischen Tricolore aus den 1990er-Jahren. Beide hat Fotograf Bernard Unternährer im Larven-Atelier Charivari angetroffen.

3 Dieses furchterregende Waggis-Monster hat der Fotograf Mimmo Muscio von Creativ-Photo Basel an der Fasnacht 2004 vor die Linse bekommen. Und er musste nicht lange suchen, denn derart verunstaltete Waggis-Larven, die die Entfernung vom Ursprung dokumentieren, finden sich heute in grosser Zahl.

Dass auch noch nach der Jahrtausendwende eine Rückkehr zum traditionellen Waggis-Kostüm möglich ist, zeigt diese fasnächtlich musizierende Gruppe von munteren Waggis des Waggiszug der Märtplatz-Clique Basel, die ein ebenfalls ans klassische Uniform-Kostüm angenäherter Stänzler anführt. Die Aufnahme stammt aus dem Jahr 2001.

Abbildungsnachweis

Seite 3 Albrecht Dürer (1471–1528)
Illustrationsholzschnitt in Sebastian Brants «Narrenschiff»
deutsche Ausgabe, Basel 1494, 11,9×10,3 cm
Exemplar Kunstmuseum Basel. Kupferstichkabinett
Foto: Kunstmuseum Basel

Ueli: Creativ-Photo by Mimmo Muscio, Basel

Vermummte Gestalten mit geschwärzten Gesichtern

Seite 16 Niklaus von Riedt
Maskenzug, 1589
Feder, laviert, 9,8×22,5 cm
Kunstmuseum Basel. Kupferstichkabinett
Foto: Kunstmuseum Basel. Martin Bühler

Seite 17 Matthäus Merian d.Ä. (1593–1650)
Februarius, Fasnachtszug bei Nacht
(aus der Folge der «Jahreszeiten» [Februar], um 1620)
Kupferstich, 13,2×16,7 cm (Bl)
Exemplar Kunstmuseum Basel. Kupferstichkabinett
Foto: Kunstmuseum Basel

Seite 18 Vier vermummte und maskierte Gestalten, 1590
Aquarell, 14×10 cm
(Stammbuch des Jacob Götz)
Historisches Museum Basel
Inv. 1870.921.
Foto: HMB. M. Babey

Der Obrigkeit und der Geistlichkeit ein Dorn im Auge

Seite 20 Pierrot-Kinderkostüm
Historisches Museum Basel
Inv. 1985.150.
Foto: HMB. P. Portner

Seite 21 Grenadier-Kinderkostüm
Historisches Museum Basel
Inv. 1989.211.
Foto: HMB. P. Portner

Seite 22 Altfrank- und Dummpeter-Kinderkostüm
Historisches Museum Basel

Inv. 1990.110. (Altfrank) / 1990.505. (Dummpeter)
Foto: HMB. P. Portner

Prinz Karneval regiert

Hieronymus Hess (1799–1850) *Seite 24*
Morgenstreich «am Aeschenmittwochen 1843»
Aquarell, 28×36,5 cm
Kunstmuseum Basel. Kupferstichkabinett
Foto: Kunstmuseum Basel. Martin Bühler

Anonym *Seite 25*
«Buebeziigli» am Morgenstreich, um 1850
Federzeichnung, laviert
Repro-Fotografie aus Paul Koelner
«Die Basler Fastnacht», Basel 1913

Carl Roschet (1868–1925) *Seiten 26/27*
Fasnachtszug 1897
Aquarell, 20×60 cm
Privatbesitz

Narren-Zeitung und Fasnachtspostkarte

Emil Beurmann (1862–1951) *Seite 39 (Abb.2)*
Titelblatt der Fasnachtszeitung «Basler Giggernillis»
Linolschnitt, 31,5×23 cm
Privatbesitz

Die Geburt der Künstlerlarve

Karl Pflüger (1884–1974) *Seite 40*
«Morgestraich», 1928
Öl/Lwd., 74×89 cm
Privatbesitz

Alle abgebildeten Modelle und Larven stammen aus dem Larven-Atelier Charivari, Basel *Seite 41*

Der Neubeginn nach dem Zweiten Weltkrieg

Reprofotografie nach der Originalfoto im Besitz der BMG *Seite 52*

Der Reigen der traditionellen Figuren an der Basler Fasnacht

Niklaus Stoecklin (1896–1982) *Seite 60*
«Buebeziigli» vor dem «Goldenen Sternen», 1964
Farblithografie
© ProLitteris, 2004, 8033 Zürich

Der Ueli

Seite 67
Roman Peter (*1952)
Der Ueli, 2004
Öl/Papier, 20×16 cm
Privatbesitz

Seite 71 (Abb. 4)
Albrecht Dürer (1471–1528)
Der LXIV. Narr: Der Sterndeuter Narr
Holzschnitt in: Sebastian Brant, Das Narrenschiff, Basel, 1506
Bild 11,6×8,4 cm; Blatt 21,1×14,5 cm
Kunstmuseum Basel, Kupferstichkabinett
Foto: Kunstmuseum Basel

Seite 73
Karl Moor (1904–1991)
Zwei pfeifende Ueli und ein Vorträbler
Öl/Pavatex, 58×48 cm
Privatbesitz

Der Harlekin

Seite 77
Roman Peter (*1952)
Der Harlekin, 2004
Öl/Papier, 20×16 cm
Privatbesitz

Seite 81
Franz Anton Bustelli (1723[?]–1763)
Harlekin, um 1760, Nymphenburg
Toronto, Gardiner Museum of Ceramic Art

Seite 82 (Abb. 1)
Pablo Picasso (1881–1973)
Arlequin au loup, 1918
Öl/Holz, 116×89 cm
Zürich, Kunsthaus
© ProLitteris, 2004, 8033 Zürich

(Abb. 2)
Pablo Picasso (1881–1973)
Paulo als Harlekin, 1924
Öl/Lwd., 130×97,5 cm
Paris, Musée Ricasso
© ProLitteris, 2004, 8033 Zürich

(Abb. 3)
André Derain (1880–1954)
Harlekin mit Gitarre, 1924
Öl/Lwd., 190×97 cm

Paris, Musée National de l'Orangerie
(Collection Jean Walter et Paul Guillaume)

Max Löw (1910–1994) *Seite 83 (Abb. 6)*
Harlekin, 1977
Hinterglasmalerei, 41×31 cm
Privatbesitz

Der Blätzlibajass

Roman Peter (*1952) *Seite 85*
Der Blätzlibajass, 2004
Öl/Papier, 20×16 cm
Privatbesitz

Der Pierrot

Roman Peter (*1952) *Seite 93*
Der Pierrot, 2004
Öl/Papier, 20×16 cm
Privatbesitz

Tartaglia, 1744 *Seite 98*
modelliert von Peter Reinicke (1715–1768)
Meissen, Porzellan.
Toronto, Gardiner Museum of Ceramic Art

Jean-Antoine Watteau (1684–1721)
«Gilles» (Pierrot), 1718/20
Öl/Lwd., 160×148 cm
Paris, Musée du Louvre

Paul Cézanne (1839–1906) *Seite 99 (Abb. 1)*
Mardi gras (Pierrot und Harlekin), 1888
Öl/Lwd., 100×81 cm
Moskau, Puschkin-Museum

Pablo Picasso (1881–1973) *(Abb. 2)*
Paulo als Pierrot, 1929
Öl/Lwd., 130×97 cm
Paris, Musée Ricasso

Seite 99 (Abb. 3)

Gino Severini (1883–1966)
Zwei Pierrots, undat.
Öl/Lwd., 92×61 cm
Den Haag, Gemeentemuseum
© ProLitteris, 2004, 8033 Zürich

Seite 100 (Abb. 3)

Laterne der Olympia Fasnachtsgesellschaft 1910
Sujet «Bajazzo-Zug»
Foto: Hoffmann Foto Kino AG

Der Dummpeter

Seite 103

Roman Peter (*1952)
Der Dummpeter, 2004
Öl/Papier, 20×16 cm
Privatbesitz

Der Stänzler

Seite 109

Roman Peter (*1952)
Der Stänzler, 2004
Öl/Papier, 20×16 cm
Privatbesitz

Seite 114

Anonym
Zwei Basler Trommler, um 1820/30
kolorierte Federzeichnung, 20,5×24 cm
Historisches Museum Basel, Inv. 1925.160.
Foto: Historisches Museum Basel

Seite 116

Theo Modespacher (1897–1955)
Morgenstreich
Öl/Pavatex, 52,5×41,5 cm
Privatbesitz

Burkhard Mangold (1873–1950)
Cortège vor dem Comité am Eingang des ehemaligen Stadt-Casinos am Steinenberg
Feder, grau laviert, 35,5×27,5 cm
Privatbesitz

Der Altfrank

Seite 119

Roman Peter (*1952)
Der Altfrank, 2004
Öl/Papier, 20×16 cm
Privatbesitz

Karl Moor (1904–1991) *Seite 123*
Vogel Gryff
Öl/Pavatex, 58×48 cm
Privatbesitz

Die Alte Tante

Roman Peter (*1952) *Seite 127*
Die Alte Tante, 2004
Öl/Papier, 20×16 cm
Privatbesitz

Karl (Charles) Hindenlang (1894–1960) *Seite 131*
Fasnacht, [vor 1933]
Gouache, 39,5×29,5 cm
Privatbesitz

Arthur Riedel (1888–1953) *Seite 132*
«Basler Fastnacht», 1925
Öl/Pavatex, 25×35,5 cm
Privatbesitz

Niklaus Stoecklin (1896–1982) *Seite 133*
«Buebeziigli», 1926
Zeichnung
© ProLitteris, 2004, 8033 Zürich

Max Löw (1910–1994) *Seite 134*
Fasnächtliche Stube, 1953
Öl/Lwd., 60×75 cm
Privatbesitz

Der Waggis

Roman Peter (*1952) *Seite 139*
Der Waggis, 2004
Öl/Papier, 20×16 cm
Privatbesitz

Waggis-Scheibe nach einem Entwurf *Seite 146 (Abb. 2)*
von Otto Plattner (1886–1951), 27×16,5 cm
Exemplar in Privatbesitz

Niklaus Stoecklin (1896–1982) *Seite 147*
«Chaise mit drei Waggis», 1946
Farblithografie
© ProLitteris, 2004, 8033 Zürich

Seite 149 (Abb. 1)	Ernst (Fritz) Wolf (*1915) Waggis und alte Tante Kohle auf Papier, 36×30,5 cm Privatbesitz
(Abb. 2)	Febo Freier 2×F (*1926) Intrigierender Waggis, 1950 Ölkreide auf Papier, 47,5×36,5 cm Privatbesitz
(Abb. 3)	Robert Sterchi (*1937) Morgenstreich, 1968 Gouache, 61,5×45,5 cm Privatbesitz
Seite 150	Werner Nänni (1916–1992) Morgenstreich am Leonhardsstapfelberg Öl auf Lwd., 72×45 cm Privatbesitz

Literaturverzeichnis

Ausser den im Folgenden genannten Publikationen wurden auch Zeitungsartikel und -berichte um 1900 als Informationsquelle verwendet. In welchen Blättern diese Informationen erschienen waren, wird an betreffender Stelle erwähnt.

Basler Fasnachts-Comité (hg.): D'Basler Fasnacht, 1939, 1945 (e-n-ABC dur d'Basler Fasnacht), 1946, 1955 und 1985

Christ Dorothea/Zepf Peter: Basler Fasnachts-Laternen, hg. Spezi-Clique Basel, 1980

Christ, Robert B. und Meier, Eugen A.: Fasnacht in Basel, hg. Hansrudolf Schwabe, Basel 1968

Diverse Autoren: 75 Jahre Basler Mittwoch-Gesellschaft 1907–1982, Basel, 1982

Diverse Autoren: Olympia 1908–1983, Chronik einer Fasnachtsgesellschaft, Basel, 1983

Diverse Autoren: «Teufel, Tod & Harlekin – Fasnachtstreiben und Maskentänze», Texte zur Ausstellung im «Museum der Kulturen» 2004

Gengenbach, Peter A.: Alti Richtig 1926–2001, Geschichte einer Basler Fasnachts-Clique, Basel, 2001

Koelner, Paul: Die Basler Fastnacht, in: Basler Jahrbuch 1913, S. 176–244

Meier, Eugen A.: Vogel Gryff – Geschichte und Brauchtum der Drei Ehrengesellschaften Kleinbasels, Basel, 1986

Meyer, Werner: Turniere im alten Basel, in: Basler Stadtbuch 1970, S. 22–38

-minu/Joray, Rose-Marie: d'Goschdymkischte, Basel, 1974

Schweizer-Völker, Edith: Butzimummel, Narro, Chluri – Bräuche in der Regio, Buchverlag Basler Zeitung, 1990

Stalder Kurt/Jäggi Erwin: 100 Joor VKB Vereinigte Kleinbasler 1884–1984, Basel, 1984

Trachsler, Beat: Basler Fasnacht für Basler und Nichtbasler, Basel, 1998

Utzinger, Heini/Andersen Niels: Die Basler Fasnachtsplaketten, Eigenverlag Basel, 1967 und 1997

Dank

Dass ein Buch wie dieses ohne Hinweise und Auskünfte von sachkundigen Freunden und Bekannten nicht entstehen kann, versteht sich von selbst. Für die mannigfach empfangene Hilfe dankt der Autor herzlich. Ein ganz besonderes Dankeschön möchte er aussprechen:

Herrn Erich Läuppi, dem Initianten des Buches,
Birkhäuser+GBC, Spezialprodukte AG, Reinach BL

Frau Dr. Marie-Claire Berkemeier, Historisches Museum Basel

Herrn Cristoph Gaugler, Basel

Frau Franziska Heuss, Kunstmuseum Basel,
Kupferstichkabinett

Herrn Stefan Kaister, Kaister & Partner AG,
Kommunikationsagentur ASW, Basel

Herrn Roman Peter, Larven-Atelier Charivari, Basel

Frau Dr. Margret Rippert, Historisches Museum Basel

Frau Ursula Rogg-Steib, GS-Verlag Basel, Basel

Herrn Bernard Unternährer, Teamleiter Bildbearbeitung,
Birkhäuser+GBC AG, Reinach BL

Frau Vanessa Starost, Vorstufe, Birkhäuser+GBC AG,
Reinach BL

Herrn lic. phil. Dominik Wunderlin,
Museum der Kulturen Basel, Volkskunde/Europa

Gedruckt für Freunde und Kunden zum 125-jährigen Bestehen der Birkhäuser+GBC AG. Einmalige und vom Autor handsignierte Auflage von 2500 Exemplaren. Zusätzlich gelangen 3000 Exemplare in den freien Verkauf.

Ihr Exemplar hat die Nummer

0198